# SUPPLEMENT

## AU MEMOIRE

### DU SIEUR

## DE LA BOURDONNAIS.

A PARIS,

De l'Imprimerie de *DELAGUETTE*.

M. DCC. LI.

(4)

# SUPPLEMENT
## AU MÉMOIRE
### DU Sᴿ DE LA BOURDONNAIS.

E Sieur *de la Bourdonnais* a crû devoir attendre la fin de l'Inſtruction pour rendre compte au Public de ſes Obſervations ſur les nouvelles Piéces, qui ſont ſucceſſivement parvenues à ſa connoiſſance, depuis la diſtribution de ſon Mémoire. Il s'eſt flatté qu'en différant d'écrire, pour raſſembler dans un ſeul Supplément, tout ce qu'il auroit pû dire ſéparément ſur chacune de ces Piéces, à meſure qu'elles ſe ſont préſentées, il épargneroit au moins une multiplicité d'Écrits, dont il a craint de rebuter les perſonnes qui lui font l'honneur de lire ſa Défenſe, & de s'intéreſſer à ſa Juſtification.

Ces Piéces ſont au nombre de ſix, dont trois tendent à charger le ſieur *de la Bourdonnais*, les trois autres ſont totalement à ſa décharge.

Les trois premieres ſont 1°. Une Brochure anonyme imprimée *in*-8°. en Anglois & en François, 2°. Une Déclaration ſouſcrite à *Pondichery* par le ſieur *Friel* Neveu du ſieur *Dupleix* & par le ſieur *Dupleix* lui-même, 3°. Une Lettre imprimée *in*-4°. ſans nom d'Auteur ni d'Imprimeur. On pourroit ſans doute ſe diſpenſer de répondre à ces deux Anonymes, parce qu'en matiere de Procès, & ſur-tout dans une affaire auſſi importante que celle-ci, ces ſortes d'Écrits font toujours comptés pour rien. Cependant le sieur *de la Bourdonnais* y répondra, quand ce ne feroit que pour éviter le reproche de ne pas répondre.

Comme la Brochure a été répandue avec profusion dans le Public par les ennemis du sieur *de la Bourdonnais*, & que par conséquent elle est connue de tout le monde, il feroit assez superflu d'en faire ici une exacte analyse ; il ne fera peut-être pas aussi inutile de rapporter les différentes réflexions qu'on a faites dans le Public sur cet Ouvrage.

On s'y est d'abord partagé sur la question de sçavoir d'où partoit cet Écrit anonyme. Quelques-uns ont prétendu qu'il étoit l'ouvrage des Anglois, & qu'il avoit réellement été imprimé à *Londres*, comme le portent les Exemplaires qu'on a distribués en France. Beaucoup d'autres personnes ayant remarqué ces mots au bas du premier feuillet, *le prix est de vingt-quatre sols tournois*, & ayant d'ailleurs considéré avec attention la marque du papier, ont été pleinement convaincues qu'il ne venoit point d'Angleterre, & qu'il avoit été imprimé en France.

Cette découverte n'a cependant pas paru décider la question. Les partisans de la Brochure ont insisté en soutenant que la Traduction Françoise pouvoit à la vérité avoir été imprimée en France avec l'Anglois à côté, telle qu'on la voit ; mais que l'Ouvrage avoit été originairement fait par un Anglois, & imprimé à *Londres* en langue Angloise. D'autres ont répondu qu'il n'étoit nullement vraisemblable que cet Écrit & les Lettres qui y sont insérées sous le nom des sieurs *Morse* & *Monson*, fussent en effet de ces deux Anglois, parce qu'il n'étoit pas à présumer que dans une affaire d'État, où l'on voit qu'on a cherché des preuves dans toutes les parties du Monde, on eut négligé celles qu'on auroit eues sous sa main, si en effet quelqu'un avoit été en état d'attester, comme la Brochure le suppose, le présent de cent mille *Pagodes*, prétendu fait au *sieur de la Bourdonnais*. Cette réflexion jointe à beaucoup d'autres, qu'il feroit trop long de rapporter ici, a fait conclure à un très-grand nombre de personnes, que les sieurs *Morse* & *Monson*, n'avoient aucune part à cette Brochure. Mais ces personnes réunies d'opinion sur ce point, se sont divisées sur le choix des partis que le sieur *de la Bourdonnais* pouvoit prendre

dans cette conjoncture, & en lui marquant toutes le même
zèle pour sa justification, elles lui ont donné des conseils
qui diffèrent essentiellement, mais qui l'ont tous également
pénétré de la plus vive reconnoissance.

Les uns d'un rang qui ne leur permet pas de connoître
toutes les formalités de l'ordre judiciaire, ont paru craindre que la Brochure ne répandît des nuages dans les esprits,
& désirer sur ce point des éclaircissemens qu'ils ont cru fa-
ciles à trouver, parce qu'ils ignorent qu'un accusé ne sçauroit faire aucun usage de toutes les déclarations extrajudiciaires, qu'il pourroit se faire délivrer par quelques personnes, & en quelque forme que ce pût être ; & que
d'ailleurs, il ne peut articuler des faits justificatifs, & demander à en faire preuve juridiquement, sans retarder con-
sidérablement le Jugement définitif de son Procès, & sans
être obligé de garder prison jusqu'au jour de ce Jugement. (a) Le sieur de la Bourdonnais a même si bien reconnu l'impossibilité de faire valoir des Certificats, ou Déclarations extrajudiciaires, qu'il n'a pas voulu joindre au Procès, un Certificat du 31 Octobre 1749, qui lui a été envoyé de Canton en Chine, par lequel le sieur David Boutet (b), Capitaine du Vaisseau Hollandois, qui a fait tant
de bruit dans cette affaire, atteste la fausseté des faits imputés au sieur de la Bourdonnais sur l'article de ce même
Vaisseau.

Les autres mieux instruits des dispositions des loix & de
la rigueur des formes, ont pensé que la Brochure en question, de quelque main qu'elle partît, ne méritoit aucune
sorte d'attention : Qu'elle n'avoit aucun caractère de preuve, & qu'elle ne pouvoit jamais faire aucune foi en Justice,
parce que c'est un être de raison, un phantôme sans réalité, & un monstre dans l'ordre judiciaire, qu'un témoignage sans témoin. Ils ont fait plus, ils ont prouvé par le
texte des Loix, que quand le Gouverneur & les Conseil-
lers Anglois de Madraz, seroient eux-mêmes venus en
personne, déposer régulièrement des faits contenus dans la
Brochure, leurs dépositions n'auroient pû être d'aucun poids
sur un fait qui les intéressoit si fort, & qui étoit tellement

(a) Art. V. du tit. XXVIII. de l'Ordonnance de 1670.
(b) Ce Capitaine étoit à terre lorsque son Vaisseau périt à Madraz.

devenu leur caufe perfonnelle, qu'il ne s'agiffoit de rien moins pour eux, que de 7. ou 800000. liv. en dépofant contre le fieur *de la Bourdonnais*.

Perfuadées de la vérité de ces principes, plufieurs perfonnes diftinguées dans la Magiftrature & dans le Barreau, ont foutenu que fieur *de la Bourdonnais*, pouvoit avec toute forte de fécurité, méprifer la Brochure Anonyme dont il s'agit, quels qu'en fuffent les Auteurs, & que l'efpoir, & même la certitude d'en découvrir la fuppofition, ou d'en confondre l'impofture, par la feule voye qui fut praticable & juridique, c'eft-à-dire, par une demande à fin de preuve de fes faits juftificatifs, ne devoit pas lui faire courir les rifques d'un retardement qui pourroit expofer fa fanté & fa vie, en prolongeant encore fa captivité pendant deux ou trois années. *(a)*

Voilà comment le public a marqué au fieur *de la Bourdonnais*, tout l'intérêt qu'il prend à fon fort, & comment chacun, fuivant fes connoiffances, s'eft empreffé à lui faire part de fes réflexions, & à l'aider de fes confeils. Mais pendant qu'une infinité de perfonnes fe font ainfi occupées dans Paris du foin de fa défenfe, on ne s'eft pas apperçu que la Brochure en queftion, portoit en elle-même, les preuves les moins fufpectes & les plus évidentes de fa fuppofition; ainfi fans avoir recours à des éclairciffemens étrangers, il eft aifé de fe convaincre par la lecture de l'Ecrit, qu'il n'eft l'ouvrage ni du Gouverneur Anglois, ni d'aucun Confeiller de *Madraz*. Ce fait une fois démontré par la Brochure même, il fera affez inutile de faire des recherches pour fçavoir, précifément quel en eft l'auteur, & fous quel fcellé la minutte manufcrite de cet ouvrage s'eft trouvée récemment à Paris. Qu'on ouvre donc cette Brochure, & en s'arrêtant au feul objet qui paroît fixer l'attention du public, qu'on péfe bien les faits expofés par l'Anonyme fur le prétendu préfent de cent mille Pagodes ou environ, & l'on verra clairement, que cet Anonyme ne peut être un des Anglois de *Madraz*.

On y lit pag. 55, 57, 59 & 131, qu'en traitant pour la

(a) Pour que le fieur *de la Bourdonnais* prouvât fes faits juftificatifs, il faudroit commencer une nouvelle inftruction, dans tous les lieux où la première a été faite.

rançon de la Place ; on fit entendre au Conſeil Anglois , qu'outre la rançon on exigeoit une ſomme particuliere ; que cette ſomme étant convenue, la difficulté fut de ſçavoir où on la trouveroit : qu'avant le coup de vent du 13 Octobre, elle n'étoit point encore trouvée ; que depuis on parvint à l'emprunter de différens Particuliers qui la prétérent volontiers ſur des obligations faites par le Conſeil Anglois au nom de la *Compagnie* ; qu'enfin cette ſomme jointe à quelques Diamans qu'on y ajouta, fut employée tant à faire le préſent en queſtion qu'à d'autres uſages.

Il eſt dit pag. 111, 113, 119 & 137, que la *Compagnie* ne voulut point payer ces Obligations, ſans ſçavoir s'il n'y avoit point de fraude dans la conduite de ſes prépoſés.

Enfin pag. 139 & 141, on trouve ces termes remarquables : » Quelques-uns qui ignoroient entiérement l'emploi » qu'on avoit fait des deniers, ſe perſuadoient qu'ils appar- » tenoient aux principaux Habitans de *Madraz*, qui par une » ſecrette & coupable intelligence avec les Employés, les » avoient dépoſés dans la Caiſſe de la *Compagnie*, & en » avoient tiré des obligations relatives ; ils croyoient que » tout le montant de ces obligations étoit réellement en » argent, & que la Caiſſe de la Compagnie ayant été enle- » vée par les François, cet artifice avoit été inventé tout » exprès pour la rendre comptable de ce qu'on leur auroit » pris ſans eſpoir de recouvrement, s'ils n'avoient pas ima- » giné cette ruſe. Si la choſe avoit été ainſi, continue l'Au- » teur de la Brochure, les raiſonnemens de ceux qui s'em- » portérent contre la ſignature de ces obligations, la trai- » tant de procédé frauduleux, auroient été ſans replique ; » *mais*, ajoute-t-il, *le fait eſt que, lorſque les François s'em-* » *parérent de la Ville, la Compagnie n'avoit pas la valeur* » *de 1000 ſterlins en Caiſſe, & que les François n'y prirent* » *pas la valeur de cette ſomme en argent.* Ce ſont mot pour mot les termes de la Brochure, qui méritent beaucoup d'attention.

Or ce dernier fait eſt d'une fauſſeté avérée, puiſqu'il eſt notoire que les fonds de la *Compagnie* d'Angleterre trouvés en argent comptant à *Madraz*, montoient à plus de 27000 liv. ſterlins, c'eſt-à-dire, à plus de 630000 liv. monnoye de France, dont le ſieur *de la Bourdonnais* a rendu compte ;

comme on le voit par les deux comptes rapportés dans le Cahier des Piéces Juſtificatives, Nº. CCXVIII, & CCXIX.

En faut-il d'avantage pour démontrer que la Brochure en queſtion, n'eſt l'Ouvrage ni du Sr *Morſe* ni du Sr *Monſon*, ni d'aucun Conſeiller Anglois, puiſqu'aucun membre du Conſeil n'auroit certainement avancé un fait ſi manifeſtement faux, & ſur lequel il auroit pû être confondu par les piéces les moins ſuſpeĉtes, & par la notoriété publique.

Pour peu qu'un Leĉteur inſtruit, examine avec attention cette même Brochure, il y trouvera bien d'autres traits capables de démontrer aux plus opiniâtres, que c'eſt un Ecrit ſuppoſé. Pour ne pas ennuyer, on ſe contentera d'en rapporter encore un qui eſt frappant : Le voici.

Suivant la Brochure les obligations ſouſcrites au nom de la *Compagnie*, pour l'emprunt des deniers deſtinés à former le prétendu préſent de cent mille Pagodes, furent faites le 30 Septembre 1746, vieux ſtyle, ce qui revient au 11 Octobre ſuivant, ſelon notre maniere de compter. Cela n'eſt point conteſté. Ainſi pour raiſonner, d'après la Brochure, il faut ſuppoſer, comme elle le ſuppoſe par tout, ( Voyez pag. 51, 113, 133, 137, & 139 ) que le prétendu emprunt fut conſommé, & les obligations faites le 11 Octobre 1746.

Mais, ſuivant cette même Brochure, il paroît d'un autre côté que l'emprunt n'étoit point encore fait le 14 Octobre 1746. Voici en effet comment s'explique la Brochure pag. 57. » Etant donc convenus de la ſomme que nous devions payer en particulier ( c'eſt le ſieur *Monſon* qu'on fait parler) il nous reſtoit encore une difficulté de ſçavoir où trouver l'argent ; ce qui nous occupa ſi longtems, *qu'avant que nous puſſions en faire la levée, il ſurvint une tempête*, qui fit périr quelques-uns des Vaiſſeaux ennemis, & les autres en furent ſi maltraités, que les François ſe déterminérent à quitter *Madraz* le plutôt qu'ils pourroient. » Or l'époque de cette tempête eſt très-connue, & tout le monde ſçait qu'elle arriva la nuit du 13 au 14 Octobre 1746. La fixation de cette époque, ou le prétendu préſent ne pouvoit encore avoir été livré, puiſque l'argent n'étoit pas levé, eſt une preuve déciſive contre tout ce qu'on a débité au ſujet d'une convention particuliere. Les Anglois ſçurent

alors

alors que le fieur *de la Bourdonnais* remettroit leur Ville au fieur *Dupleix* pour la garder jufqu'en Janvier. Le retardement de l'évacuation de la Place, & la remife entre les mains d'un homme, dont la fidélité à obferver le Traité devoit être fort fufpecte, après tous les efforts qu'il avoit fait pour l'annuller, étoient chacun un motif bien fuffifant pour faire rompre cette convention, fi elle eût exifté ; car enfin il n'eft pas concevable que les Anglois euffent fait un préfent fi confidérable à un homme qui s'ôtoit les moyens de les faire jouir des avantages qu'ils achetoient. Si l'on ne fuit pas le fyftême de la Brochure, & que l'on prétende que le préfent ait été fait avant que les Anglois euffent connoiffance de ces nouveaux arrangemens, il faudra toujours en revenir à avouer qu'au moment qu'ils les ont appris, & encore plus lorfque le Traité a été rompu, ils ont dû reclamer leur argent.

L'Extrait que l'on vient de citer fournit encore une réflexion auffi importante. En effet, comment concevoir que l'emprunt ne fut pas encore fait le 14 Octobre, & que les obligations, qui fuppofent l'emprunt confommé, fuffent faites dès le 11 du même mois, c'eft-à-dire au moins trois jours avant l'emprunt ? En vérité peut-on penfer qu'un Anachronifme de cette efpéce eût échappé à des Confeillers du Confeil de *Madraz*, par les mains defquels auroit paffé la prétendue négociation dont parle la Brochure ? Il faut donc de toute néceffité reconnoître que le libelle en queftion, répandu avec tant d'affectation par les ennemis du fieur *de la Bourdonnais*, eft un ouvrage de leur compofition.

Mais pendant qu'on a travaillé en *France* à cette piéce anonyme, on en a fabriqué une autre dans les *Indes*, & comme l'extrême diftance des lieux n'a pas permis aux Artifans de toutes ces impoftures de prendre langue, & de fe concerter enfemble, il eft arrivé que par la difcordance & les contradictions des faits qu'ils ont imaginés, ils ont les uns les autres, fans le fçavoir, mutuellement détruit leur ouvrage. On en va juger par la feconde des deux piéces qu'on a annoncées au commencement de ce Mémoire.

Cette piéce qui a été repréfentée au fieur *de la Bourdonnais* par M. le Rapporteur, eft une déclaration faite à *Pon-*

B

*dichery* par le fieur *Friel* neveu du fieur *Dupleix*, & fignée
tant de l'oncle que du neveu. Le fieur *Savage*, dont on va
voir qu'il y eft fait mention, étoit un Anglois Confeiller au
Confeil de *Madraz*, & qui depuis la rupture du Traité étoit
refté prifonnier de guerre à *Pondichery*.

Mais comme on ne fçait point en France ce que c'eft que
le fieur *Friel*, il eft bon de le faire connoître, & le fieur *de
la Bourdonnais* ne fortira point des bornes d'une défenfe légitime, lorfqu'en deux coups de pinceau il en ébauchera ici
le portrait. L'Ordonnance lui donne le droit de fournir des
reproches contre tous ceux dont on lui oppofe le témoignage, & ces reproches, fuivant les Loix, peuvent être tirés
de toutes les circonftances, qui tendent à rendre la foi du témoin fufpecte : or, fuivant ces mêmes Loix, il n'y en a
point qui foient plus propres à produire cet effet, qu'un défaut
de mœurs & de probité, bien public & bien avéré. On ne
rapportera que deux traits fur lefquels on va juger fi le fieur
*Friel* eft dans le cas de ces Loix.

Tout ce qu'on fçait de fon origine, c'eft qu'il eft Irlan-
dois de Nation. Il paffa dans l'*Inde* en qualité de Pilotin. Il
entra enfuite au fervice du fieur *de la Métrie*, & fut fucceffi-
vement fon Commis & fon Homme - d'affaires à la Chine.
Dans un voyage qu'il fit à la *Cochinchine*, il fçut gagner la
confiance du Roi de ce Pays, qui lui confia quarante
pains d'or, deftinés non feulement à l'achapt d'un magnifique
Caroffe, que le fieur *Friel* s'étoit chargé de lui faire venir
de France, mais auffi encore aux fraix de l'éducation de deux
jeunes *Cochinchinois*, qui devoient être mis au Collége.
Chargé de cette double Commiffion, le fieur *Friel* à fon retour de la *Cochinchine* ne s'acquitta ni de l'une ni de l'autre ;
& il eft de notoriété publique dans l'*Inde* qu'il a gardé les 40
pains d'or, qu'il n'a envoyé aucun Equipage au Roi de la
*Cochinchine*, & qu'il a réduit en fervitude, & retenu à fon
fervice les deux jeunes *Cochinchinois*, dont ce Souverain lui
avoit confié l'éducation. C'eft ce qui dans l'*Inde* l'a toujours
fait regarder avec horreur des Anglois, des François, & des
Naturels du Pays. Il n'y a pas d'Officier de la Compagnie
des *Indes* qui ne puiffe attefter ce fait. Voici un autre trait
qui a moins éclaté dans l'*Inde*, mais qui n'en eft pas moins
conftant.

Pendant que le sieur *Paradis* étoit Gouverneur de *Madraz*, & que le sieur *Dupleix* lui avoit donné pour Conseiller le sieur *Friel*, un Vaisseau *Maure* arriva dans la Rade chargé de Cire & de Calin. Le Calin est une espéce d'Etain. Les sieurs *Paradis* & *Friel* voyant que le Capitaine *Maure* se présentoit de bonne foi pour commercer, lui permirent de débarquer toutes ses Marchandises, avec promesse de lui laisser toute la liberté possible de les vendre comme & à qui il jugeroit à propos, ainsi que cela se pratique dans tous les Ports de l'*Inde*. Mais dès que les Marchandises furent débarquées, la liberté de la vente lui fut interdite, & ils le forcerent de leur abandonner à eux seuls ces marchandises au prix qu'ils voulurent. Il eut beau se plaindre, il fallut en passer par-là. Quelque tems après le sieur *Cotterel* ayant été envoyé à *Paliacatte* pour donner des avis de ce qui se passoit dans cette partie de la Côte, le sieur *du Laurent*, qui étoit alors Gouverneur de *Madraz*, & qui voyoit avec regret qu'il ne se faisoit aucun commerce, écrivit au sieur *Cotterel* d'engager les Marchands *Maures* ou *Malabares* de venir commercer à *Madraz*, & de les assurer qu'on leur procureroit tous les agrémens & toutes les facilités convenables. Le sieur *Cotterel* s'acquitta de cette Commission. Mais il trouva les Commerçans de cette Côte si bien instruits de l'infidélité des sieurs *Paradis* & *Friel*, qu'ils lui protesterent que quand ils auroient cent Vaisseaux, aucun n'iroit jamais commercer dans les Etablissemens François. Quoiqu'on ne tienne pas ce fait du sieur *Cotterel*, mais de plusieurs autres Officiers de la *Compagnie*, on ne doute pas qu'il n'en atteste la vérité. Comme il est à Paris, on peut sçavoir de lui ce qui en est.

Voilà quel est ce sieur *Friel*, que la crainte de la confrontation a empêché de déposer en Justice, & qui précisément parce qu'il n'est pas confronté, ne sçauroit jamais faire charge contre le sieur *de la Bourdonnais*, ni dans une déposition juridique, ni encore moins dans une déclaration extrajudiciaire.

Il faut cependant rapporter la substance de cette déclaration, que le sieur *de la Bourdonnais* rend ici de mémoire. C'est le sieur *Friel* qui y parle.

*Ce jour* 11 *Août* 1747, M. Dupleix *m'ayant fait venir pour* lui interpréter (en François) ce que M. Savage vo uloit l ui dire (en Anglois) au moment où il partoit de Pondicher y pou Goudelour, j'ai entendu ce qui suit :

D'abord M. Savage a remercié M. Dupleix des égar ds & des attentions qu'il avoit eus pour lui pendant son séjour à Pondichery, & lui a assuré qu'il en étoit très-recon noissant : sur quoi M. Dupleix lui a dit, pour me témoigner votre rec onnoissance, Monsieur, dites-moi, je vous prie, ce que le Gouv erneur & le Conseil de Madraz ont donné à M. de la Bourdo nnais. M. Savage a paru fort surpris de cette demande, & a répon du à M. Dupleix : que diriez-vous de moi, Monsieur, si je vous revelois ce secret ? Pour rassurer M. Savage, & pour l'e ngager à parler, M. Dupleix lui a dit qu'il lui donnoit sa parole d'hon neur que jamais il ne parleroit à personne de la confiden ce que M. Savage pourroit lui faire, & qu'il n'en feroit jamais aucun usage contre qui que ce fut. Alors M. Savage m'a demandé à moi Friel la même parole d'honneur, que je lui ai donnée, & me suis de même engagé de ne jamais répéter ce que diroit M. Savage. Après ces paroles données, M. Savage a dit que l'on avoit promis à M. de la Bourdonnais cent mille Pagodes, à condition que la Ville ne seroit point pillée, & que les effets des habitans leur seroient conservés. M. Dupleix ayant demandé si M. de la Bourdonnais avoit reçu toute cette somme : Non, a répondu M. Savage, il n'a reçu que quatre-vingt-cinq à qua tre-vingt-dix mille Pagodes. Mais, a dit M. Dupleix, qui est- ce qui a payé cette somme ? M. Savage a répondu qu'elle avoit été payée par les Habitans. M. Dupleix a insisté pour sçavoir si les Malabares en avoient payé leur part, & M. Savage a répondu qu'il n'en sçavoit rien. Ce que je sçai, a-t-il dit, c'est que les habitans de Madraz ont été furieux de voir qu'après avoir ainsi payé une contribution pour se racheter du Pillage, on avoit dans la suite gardé leur Argent, ruiné leurs Maisons, & pillé leurs effets. Ils en ont fait, a ajouté M. Savage, des reproches sanglans à M. Morse, & vous entendrez parler de tout cela dans les papiers publics d'Angleterre. Mais je m'éton ne, a continué M. Savage, , que vous ne sçachiez pas toutes ces particularitès, puisque vos Messieurs qui étoient alors à Ma draz, les sçavent toutes. J'en sçavois quelque chose, a répondu M. Dupleix, mais je voulois sçavoir de vous le vrai de cette affaire. Ensuite comme M. Savage étoit chargé à Madraz des

*Comptes de l'argent*, *M.* Dupleix (ou le fieur Friel; le fieur *de la Bourdonnais* ne fe fouvient lequel des deux a fait la queftion) *lui a demandé combien il reftoit d'argent à la Compagnie lorfque M.* de la Bourdonnais *eft entré dans la Ville*, *& que M.* Savage a répondu *qu'il y avoit dix-huit Caiffes de Piaftres. Laquelle converfation je certifie véritable*, *&c.*

Voilà en fubftance ce que contient cette déclaration, qui eft, comme on l'a dit, revêtue des fignatures du Sieur *Friel*, & du Sieur *Dupleix*. Ce dernier ne parlant point dans l'acte, paroît à la vérité ne l'avoir figné que pour donner à cette piéce un air d'autenticité; mais on fent bien que cette fignature du Sieur *Dupleix* emporte de fa part un aveu de la Piéce. On peut donc avec grande raifon la regarder comme un ouvrage commun à l'oncle & au neveu.

D'abord pour écarter cette piéce d'un feul mot, il fuffit de faire obferver que c'eft une déclaration *extrajudiciaire*. Perfonne n'ignore en effet que toutes les Loix, & toutes nos Ordonnances s'accordent à rejetter comme incapables de faire aucune foi, les déclarations *extrajudiciaires*, de quelque perfonne que ce foit; c'eft une maxime trop connue, pour qu'il foit befoin de rapporter ici toutes les difpofitions de ces Loix & de ces Ordonnances.

D'ailleurs, quand la raifon & les Loix permettroient en général d'ajouter foi à des déclarations extrajudiciaires, ce qui n'eft pas, il eft fenfible que celle dont il s'agit ici, feroit toujours inadmiffible, par cette raifon décifive qu'elle feroit l'ouvrage du Sieur *Dupleix* & du Sieur *Friel* fon neveu; c'eft-à-dire de deux hommes, qui font avec raifon regardés & dans l'*Inde*, & dans la France, comme les mortels ennemis du Sieur *de la Bourdonnais*.

Mais s'il eft vrai que cette piéce foit incapable de rien prouver contre le Sieur *de la Bourdonnais*, ne peut-on pas dire qu'elle prouve tout contre ceux qui l'ont fabriquée? De quel œil en effet peut-on envifager deux hommes, qui volontairement, & fans contrainte viennent déférer à la Juftice, dans un acte figné d'eux, des faits qu'ils déclarent en même tems ne leur avoir été confiés que fous le fceau du fecret, & fur la foi d'une parole d'honneur, par laquelle, de leur propre aveu, ils s'étoient engagés de n'en parler à qui que ce fût, & de ne les jamais révéler? Ne faut-il pas être prodigieusement aveuglé par la passion, pour sacrifier ainsi en pure perte à l'envie de nuire, jusqu'à son honneur même ? On peut juger par ce seul trait du caractère des hommes qui travaillent depuis si long-tems à soulever l'*Inde* & la France contre le sieur *de la Bourdonnais.* On le demande aux plus zélés partisans du Sieur *Dupleix*, que peut-on répondre ici pour sa justification & pour celle de son neveu ?

De ces premieres réflexions veut-on passer à un examen plus détaillé du fond de cette déclaration. On voit par le peu de vraisemblance, & par les contradictions des circonstances qu'elle rassemble, que cette prétendue confidence du Sieur *Savage* est une fable grossierement imaginée par l'oncle pour être débitée par le neveu ?

Y a-t-il d'abord de la vraisemblance dans le mystere que le Sieur *Savage* veut faire au Sieur *Dupleix* sur le fait des cent mille Pagodes ; dans la répugnance qu'il a de s'expliquer sur ce point ; dans la crainte où il est de faire mal penser de lui, s'il dit ce qu'il en sçait, & enfin dans les précautions qu'il prend pour s'assurer qu'on lui gardera sur tout cela un secret inviolable ? Comment peut-on concilier toutes ces circonstances exprimées dans la déclaration, avec tout ce qu'on y fait dire d'ailleurs à ce même Sieur *Savage*, sur la publicité du prétendu présent de cent mille Pagodes ? Car enfin dans la déclaration en question, après avoir représenté le Sieur *Savage* comme un homme qui craint de parler, qui refuse de s'expliquer sur l'article des cent mille Pagodes, qui rougit d'en ouvrir la bouche, qui ne consent enfin d'en faire la confidence que sous le sceau du secret, on lui fait dire dans le même instant, qu'il est étonné que le Sieur *Dupleix* ignore ce même fait, & qu'il n'en sçache pas même jusqu'aux moindres particularités, parce que, selon le Sieur *Savage*, elles sont publiques depuis long-tems. Et comment prouve-t-il qu'elles sont publiques ? C'est en disant que tous les Habitans de *Madraz* les sçavent comme lui-même ; c'est en faisant sentir qu'en effet ils ne peuvent les ignorer, puisque ce sont eux, dit-il, qui ont fourni cette contribution de cent mille Pagodes ; c'est enfin en ajoutant que tous les Officiers envoyés à *Madraz* par le Sieur *Dupleix* pour y former un Conseil, les avoient fçûes eux-mêmes, & qu'ils avoient été témoins, comme lui, des reproches faits fur cela au Sieur *Morfe*, Gouverneur, par les Habitans de *Madraz*. Que le Sieur *Dupleix* & le Sieur *Friel*, ou leurs Apologiftes expliquent donc, s'ils peuvent, pourquoi le Sieur *Savage* ne révéloit que comme un grand fecret un fait, qui, felon lui-même, étoit public, & connu de tout le monde, ou bien pourquoi, fi le fait étoit fecret, il en atteftoit la publicité.

Ceux qui fçavent que le fieur *Dupleix* a tenu pendant très-long-tems le Gouverneur & les Confeillers du Confeil de *Madraz* prifonniers de guerre à *Pondichery*, feront encore curieux de fçavoir pourquoi, maître d'interroger tous les Membres de ce Confeil, fur les cent mille Pagodes en queftion, il paroît n'avoir queftionné fur ce fait que le fieur *Savage*, & pourquoi ce Confeiller eft le feul dont il cite le témoignage. Un mot fuffit pour rendre compte de cette fingularité. Le fieur *Savage* eft mort depuis long-tems.

On concevra plus difficilement que tout le peuple de *Madraz* ait fourni une contribution pour fe racheter du Pillage; qu'il fe foit plaint hautement de ce qu'on le pilloit malgré la convention; que dans le tems de ces plaintes publiques, & depuis le départ du fieur *de la Bourdonnais*, le fieur *Dupleix* maître abfolu dans *Madraz* y ait fait informer juridiquement pour conftater ce fait des cent mille Pagodes, & que dans toutes les informations qu'il a fait faire par le miniftére des ennemis même du fieur *de la Bourdonnais*, foit à *Madraz*, foit à *Pondichery*, il n'y ait pas un feul témoin qui ait dépofé de ce fait, & qu'au contraire plufieurs témoins en ayent attefté la fauffeté. N'eft-ce pas là un prodige incompréhenfible? Mais on ne prétend pas épuifer ici les réflexions qui fe préfentent en foule, pour démontrer de cent manieres différentes l'abfurdité de cette calomnieufe déclaration. On fupplie feulement MM. les Commiffaires de faire attention qu'après des informations fans nombre faites à *Madraz*, à *Pondichery*, & en France, il ne s'eft trouvé fur quatre ou cinq cens témoins entendus, que quatre perfonnes qui ayent jamais parlé de ce prétendu préfent de cent mille Pagodes, & que ces quatre perfonnes font le fieur *Dupleix*, le fieur *Defprémefnil* fon gendre, & les fieurs *Kerjean* & *Friel*, tous deux fes neveux. Par quelle fatalité le fieur *Dupleix* & fa famille font-ils les feuls dans tout *Madraz* & dans tout *Pondichery* qui ayent des yeux & des oreilles?

Au fond, que difent ces quatre hommes liés d'intérêt, & conjurés pour la perte du fieur *de la Lourdonnais?* Le fieur *Defprémefnil* dit, *qu'il a entendu dire au fieur* Dupleix *qu'un Anglois lui avoit dit qu'on avoit donné au fieur* de la Bourdonnais *cent mille Pagodes.* Ne voilà donc d'abord qu'un *ouï dire*, fondé fur un autre *ouï dire* d'un anonyme. Le fieur *Kerjean* a dépofé, *qu'il avoit entendu dire à un Juif que les Anglois, avoient donné cent mille Pagodes au fieur* de la Bourdonnais, *& que lui Juif, pour contribuer à ce préfent, avoit été taxé à fept mille Pagodes,* (a) *qu'il n'avoit point payées.* Ne voilà donc encore qu'un *ouï dire* d'un anonyme. Enfin on voit ce qu'ajoutent à ces *ouï dire* la Déclaration extrajudiciaire fignée des fieurs *Friel* & *Dupleix*, & la Brochure anonyme qu'on a répandue dans le public. Quand ces deux dernieres piéces, qui viennent à l'appui de ces *ouï dire*, ne feroient pas rejettées par toutes les Loix comme incapables de faire aucune foi, n'eft-il pas évident que tous les caractéres de fauffeté, & les contradictions qu'elles renferment d'ailleurs, fuffiroient feuls pour leur ôter toute croyance? Ne voit-on pas en effet qu'elles fe détruifent réciproquement? L'une, par exemple, parle de la prétendue convention des cent mille Pagodes, comme d'un traité *fort fecret;* & l'autre l'annonce comme une négociation *publique*, que tout le monde a connue. L'une fuppofe que la fomme a été empruntée & payée par la Compagnie d'Angleterre, à qui l'on en demande aujourd'hui le rembourfement; & l'autre attefte qu'elle n'a été ni empruntée ni payée par la Compagnie, mais que ce font les Habitans qui l'ont payée par forme de contribution. L'une enfin dit que lors de la prife de *Madraz* les François n'y ont pas pris fur la Compagnie la valeur de 1000 livres fterlings en argent, c'eft-à-dire environ vingt-trois mille livres de notre monnoye; l'autre dit qu'il y

(a) Voici une nouvelle contradiction avec la Brochure, qui bien loin de dire que les Habitans ont été taxés, prétend au contraire qu'ils ont prêté de bon gré leur argent, & qu'on leur a fourni des Obligations pour la valeur.

avoit

avoit dix-huit caiffes de piaftres, c'eft-à-dire de notre monnoye environ 360000 livres, en fuppofant toutes les caiffes
complettes à 4000 piaftres par caiffe, comme elles le font
ordinairement ; & toutes deux accufent faux en ce point,
puifqu'il y avoit réellement 24 caiffes d'argent, qui contenoient tant en piaftres qu'en roupies d'or & d'argent plus
de 630000 livres de notre monnoye, dont le fieur *de la
Bourdonnais* a rendu compte. Ce ne font pas là de fimples
équivoques de mots, mais des contradictions très-réelles,
& qui fe trouvant dans le fonds des chofes mêmes, démon-
trent tout à la fois la fuppofition de la Brochure, & la
fauffeté de la Déclaration.

Qu'on envifage donc ici d'un œil impartial quelle eft la
fituation du fieur *de la Bourdonnais* fur ce chef d'accufation,
concernant le prétendu préfent de cent mille Pagodes. Il
n'eft pas douteux que plus l'accufation eft grave, plus les
preuves en doivent être précifes & non fufpectes.

Or il eft conftant que fur ce fait il n'y a abfolument aucunes preuves, c'eft-à-dire aucunes piéces écrites, ni aucunes dépofitions de Témoins, telles que chacune en particulier ou toutes enfemble puiffent avoir, fuivant les Loix, la
force & le caractère de preuve. Les dépofitions fe réduifent
à deux *oüi-dire*, & les preuves écrites, à un Libelle anoni-
me, & à une déclaration extrajudiciaire ; & l'on convient
que tout cela réuni ne forme pas le moindre degré de preuve.
Il eft donc d'abord indubitable & dans le Fait & dans le
Droit, que faute de preuves l'accufation s'évanouit.

Mais veut-on forcer les règles, & affujettir un Accufé à
prouver la fauffeté d'un fait qu'on lui impute fans preuves ?
En un mot, veut-on exiger de lui, ce qu'on ne fçauroit rai-
fonnablement exiger de perfonne, & l'obliger à prouver une
négative ? Le fieur *de la Bourdonnais* la prouve par le témoignage des Témoins mêmes qu'on a fait entendre contre
lui, tels que font entr'autres le fieur *de Barville* Officier, &
le Pere *Bathe*, qui ont dépofé tous deux, qu'il eft vrai que
les Anglois devoient faire un préfent au fieur *de la Bourdonnais*, mais qu'il le refufa. Le dernier de ces deux Témoins
qui eft un Religieux d'une vertu reconnue, a même attefté
que ce fut lui qui alla de la part du fieur *de la Bourdonnais* annoncer aux Anglois le refus du préfent qu'ils lui deftinoient.

C

Ainfi non-feulement il n'y a point de preuve que le préfent en queftion ait été fait, mais il y a au contraire des preuves pofitives, & très-juridiques, qu'il ne l'a jamais été. C'eft ce qui vient de faire dire récemment au fieur *Cotterel* dans fa dépofition, que ce *fait des cent mille Pagodes étoit une calomnie ridicule*. Voilà donc trois Témoins qui certifient la fauffeté du préfent, pendant que d'un autre côté il n'y en a pas un feul qui en attefte la vérité.

Enfin, qu'on examine, qu'on péfe toutes les circonftances qui peuvent fur ce point fournir quelque éclairciffement, ou quelques préfomptions ; on voit que tout vient à l'appui de ces preuves, & que tout s'accorde pour perfuader la fauffeté de l'accufation. D'un côté les piéces qu'on adminiftre pour la foutenir, fe contredifent fi effentiellement, que leurs feules contradictions fuffifent pour en déceler le faux ; d'un autre côté, la conduite du Sr *de la Bourdonnais* & celle des Anglois femblent apporter à ce corps de preuves le dernier degré d'évidence, en faifant voir que ce qui eft déja prouvé n'être pas vrai, n'eft pas même vraifemblable. Car enfin, peut-on concevoir qu'ayant reçu un préfent ou la promeffe d'un préfent de cent mille Pagodes pour la rançon de *Madraz*, le fieur *de la Bourdonnais* eût propofé aux Anglois dès le lendemain des conditions arrêtées, c'eft-à-dire le 27 Sept. 1746, de lui rendre fa parole, & d'annuller les conditions de la rançon, pour prix defquelles on fuppofe que ces cent mille Pagodes lui étoient données ? Comprendra-t-on encore qu'après ces cent mille Pagodes données pour prix & fous condition de la rançon, cette rançon n'ait point eu lieu, qu'on ait au contraire pillé la Ville, & que les Anglois n'ayent demandé la reftitution de leurs cent mille Pagodes, ni dans l'*Inde* au fieur *Dupleix*, qui fur cela auroit fûrement écouté leurs demandes & leurs plaintes très-favorablement, ni en Angleterre au fieur *de la Bourdonnais*, lorfque le tenant prifonnier de guerre à *Londres*, il leur étoit fi facile de fe faire rendre le prix d'un Traité dont l'inexécution les mettoit en droit de répeter les fommes, qu'ils avoient payées fur la foi de ce même Traité ? Mais c'eft peut-être trop s'arrêter fur un fait qui fe détruit de lui-même, & fur lequel on devoit fe contenter de renvoyer à ce qui a été dit depuis la page 268 du Mémoire jufqu'à la page 274. Paffons donc à la troifiéme Piéce, qui eft la Lettre anonyme in 4°.

Cette Lettre est donnée au public pour une réponse en forme au Mémoire du sieur *de la Bourdonnais*; l'Auteur, pour excuser la singularité de l'entreprise, y explique à la fin de l'Ouvrage, les motifs qui l'ont déterminé à prendre la plume dans une affaire où il paroît n'avoir personnellement aucun interêt. Il assure avec toute la sincérité qu'on peut attendre d'un homme qui craint de se faire connoître, qu'il ne prend ici parti qu'en qualité de bon Citoyen : en un mot, c'est un homme sans passion, un partisan de la vérité, que l'amour de la justice & le zèle du bien public animent, & qui se défiant des lumieres des Juges & du Public, veut bien prendre la peine de les éclairer.

Pour remplir cet important objet, la Lettre insinue d'abord fort ingénieusement, que le Public est un imbecille qui se laisse éblouir par des apparences, qui prend un Roman pour une Histoire, & qui juge par sentiment ce qui ne peut être décidé que par des raisons; & pour mieux faire connoître à ce Public imprudent son illusion, l'Auteur s'engage de lui faire voir par l'Ecrit même qui l'a séduit, l'erreur & l'indiscretion de ses jugemens. Voyons comment il tient parole.

Il annonce pag. 2. trois chefs d'accusation, & avant que de les établir, il commence par écarter avec un Laconisme fort commode, les 50 premieres pages du Mémoire du sieur *de la Bourdonnais*. Quatre mots suffisent, selon lui, pour détruire tout le merveilleux des faits renfermés sous cette premiere époque, qu'il regarde comme étrangere à l'affaire présente. Voici ses termes pag. 3. » Le Défenseur » du sieur *de la Bourdonnais* a senti qu'il n'avoit point de » contradicteur à craindre, il s'est tout permis. Mais un » Arrêt du Conseil qui permet aux Habitans de l'*Isle* de » *Bourbon* de prendre le sieur *de la Bourdonnais* à partie; » la misere des Habitans de l'Isle de *France* & de *Bourbon*; » l'inexistence des monumens que le Défenseur du sieur *de* » *la Bourdonnais* éleve à la gloire de son Héros; la fausseté » avérée des prétendues cultures établies dans les *Isles*; la » certitude des dépens immenses que le sieur *de la Bour-* » *donnais* a fait faire à la *Compagnie*, dont il ne reste pas » même de traces dans ces Isles; tous ces faits sont cons- » tans, ils existent. Je ne m'arrêterai pas, continue l'Au-

» teur, à vous en détailler les preuves. C'eſt à la Compa-
» gnie des *Indes* à les produire.

Si l'on ſe rappelle quelle prévention régnoit dans le public contre le ſieur *de la Bourdonnais*, & par combien de
bouches vendues à la calomnie cette prévention étoit
journellement entretenue dans tous les quartiers de Paris, lorſque le Défenſeur du ſieur *de la Bourdonnais* ſe
chargea d'écrire pour lui, on ſe perſuadera ſans peine qu'il
étoit fort éloigné de penſer qu'il n'eût aucun contradicteur
à craindre. Il ſentoit trop bien tout ce qu'on pouvoit re-
douter des efforts d'une cabale, qui étoit comme engagée
d'honneur à tout tenter pour perdre un innocent, qu'elle
avoit intérêt de faire paſſer pour coupable ; ſi donc la
crainte de la contradiction avoit été un motif néceſſaire
pour l'empêcher, de hazarder des faits faux, ou douteux,
on peut dire qu'il auroit bien été dans le cas d'être retenu
par cette conſidération, puiſqu'il eſt vrai que dans les cir-
conſtances où il écrivoit, il ſembloit que, graces aux ſuc-
cès étonnans de l'impoſture, il dût s'attendre à trouver preſ-
que autant de contradicteurs que de lecteurs. Mais au fond
quelle inquiétude pouvoit-il avoir, & quelle contradiction
pouvoit-il appréhender ſur des faits qui ſe trouvoient tous
ou juſtifiés par des preuves écrites, ou atteſtés par tous les
honnêtes-gens qui ſont au ſervice de la *Compagnie* dans les
*Indes* ?

Qu'oppoſe donc l'Auteur de la Lettre à des faits ſi bien
prouvés, à des faits qui ſont d'ailleurs de notoriété publique, & conſtatés par les Lettres du Miniſtre même (*a*). Se
flatte-t-il de les détruire en les niant, & a-t-il cru en être
quitte en avertiſſant qu'il ne donneroit aucunes preuves
de ſa dénégation, & que c'eſt à la Compagnie des *Indes* à
les produire ? C'étoit donc auſſi à elle qu'il falloit laiſſer le
ſoin de nier ces faits. Mais comment les nieroit-elle, pendant que tous ſes Bureaux contiennent tant de preuves de
tous les travaux utiles & de tous les établiſſemens avanta-
geux que le ſieur *de la Bourdonnais* a faits dans les *Iſles*,

(*a*) V. les Piéces N°. IX pag. 11
N°. Cette Piéce eſt datée du
Mai 1747. il faut lire 1745. C'eſt
une faute d'impreſſion, comme au

N°. XXXVI. qui eſt daté de *Ma-*
*dras* & qui doit l'être de *Pondi-*
*chery.*

soit en Chemins, Marines, Hôpitaux, Aqueducs, Arsé-
naux, Magazins & Fortifications, soit en Sucreries, (a) In-
digoteries, Cotonneries &c. Aussi est-on bien assuré que la
*Compagnie* n'a garde de nier aucun de ces faits, dont elle
connoît mieux que personne toute la vérité.

Il n'y a donc qu'un Auteur Anonyme, qui, à la faveur
du masque dont il est couvert, ose pousser l'impudence jusqu'au point de nier l'existence de ces monumens publics si
connus de tous les Voyageurs, & de tous les Officiers de
la *Compagnie des Indes*. Que penseront les Nations voisi-
nes, lorsqu'elles verront qu'en France, à Paris, & sous les
yeux de la *Compagnie des Indes*, on ose en haine du sieur
*de la Bourdonnais*, nier dans un Ecrit public, des faits,
dont la vérité est connue de tous les Peuples de la terre.
Mais sur ces faits, on peut consulter plusieurs Officiers de la *Compagnie* qui sont encore à Paris, & no-
tamment le sieur *de Saint-Martin*, Second alors de
l'Isle de France; & le sieur *Giblot*, premier Conseiller; on
peut leur demander s'il n'est pas vrai qu'avant l'arrivée du
sieur *de la Bourdonnais* aux Isles, il n'y avoit aucun des Bâ-
timens qui y existent aujourd'hui; s'il n'est pas vrai que c'est
lui qui a fait construire le Gouvernement, les Magazins,
les Atteliers, les Bureaux, les Forts, les Batteries, & tous
les autres édifices dont on vient de parler; enfin s'il n'est
pas vrai que tous ces ouvrages ont été solidement bâtis,

_____

(a) Par Contrat passé devant
Molere, Notaire à l'Isle de France
le 11 Mars 1747. le sieur de la
*Bourdonnais* a vendu aux sieurs
*Vigoureux* deux Sucreries pour la
somme de 92018 Piastres, qui
font monnoye de France plus de
450000 liv. en 1750. les sieurs
*Vigoureux* ont fait marché avec la
*Compagnie* pour fournir en Sucre
de leurs Manufactures la consom
mation de ses Vaisseaux & des
deux isles. Quand elle le jugera à
propos ces mêmes Sucreries for
meront un objet de commerce au
dehors. Malgré ce qu'on vient de
dire, & ce qu'on lit à la page 11
du Mémoire, on ne doute pas
qu'il ne se trouve encore à Paris
des gens qui nient l'existence de
ces Sucreries, quoique très convaincus de leur réalité.

Si les autres objets ont été né-
gligés ou abandonnés par leurs
Propriétaires, cela n'empêche pas
que le sieur *de la Bourdonnais* ne
les ait établis. On sent assez que
de pareils établissemens exigent
du tems, des soins & des dépenses, avant d'en recueillir du bénéfice.

& qu'ils font encore aujourd'hui bien exiftans. Qu'on leur demande encore quel autre que le fieur *de la Bourdonnais* a raffemblé tant d'autres nouveautés utiles dans ces *Ifles*, qu'il a trouvées prefqu'entiérement incultes, & qu'il a laiffées fi floriffantes ; leur réponfe & celle de tous les honnêtes gens qui connoiffent les Ifles, confirmeront tout ce que l'on avance ici, & tout ce que l'on a dit dans ce Mémoire, depuis la page 9. jufqu'à la page 15.

Que veut dire encore l'Anonyme, lorfqu'il cite vaguement une Procédure commencée au Confeil, & un Arrêt qui permet de prendre le fieur *de la Bourdonnais* à Partie ? Pourquoi diffimule-t-il, que cet Arrêt fut furpris fur une Requête non communiquée, & fur un faux expofé, puifqu'il eft très-vrai, que le fieur *de la Bourdonnais* n'avoit jamais été ni Juge ni Partie dans le Jugement dont on fe plaignoit alors, & que par conféquent cette prife à Partie n'avoit été imaginée par fes ennemis, que pour fe procurer une occafion de le diffamer dans des Libelles imprimés, qu'ils firent répandre en France pendant qu'il étoit dans les *Ifles.*

Il n'y a pas moins de malignité dans le reproche qu'il fait au fieur *de la Bourdonnais*, d'avoir quitté fon Efcadre à la *Martinique*. Il diffimule qu'il eft prouvé par la Piéce, N°. CCLIV. que le fieur *de la Bourdonnais* ne laiffa fon Efcadre à la *Martinique*, que de l'avis du Général & de l'Intendant des Ifles Françoifes du vent de l'*Amérique* : que fon départ fut jugé d'autant plus néceffaire : 1°. Que fon Efcadre ne couroit aucuns rifques à la *Martinique* : 2°. Qu'il étoit important qu'il partît au plutôt pour rendre compte en France de l'état de nos Colonies, furtout dans un tems où l'on préparoit en Angleterre l'armement formidable dont elles étoient menacées, 3°. Que la préfence du fieur *de la Bourdonnais* devenoit abfolument inutile à fon Efcadre, qui devoit être commandée par des Officiers de la Marine du Roi & fupérieurs en grade, qu'on attendoit à la *Martinique*. Le fieur *de la Bourdonnais* n'y devoit pas même commander fon propre Vaiffeau ; il n'y feroit refté que comme fimple Paffager. Comment donc l'Anonyme ofe-t-il lui faire un crime d'avoir quitté une Efcadre à laquelle il devenoit totalement inutile, pendant que fa préfence pouvoit être fort néceffaire en France, comme il avoit lieu de croire qu'elle l'étoit en effet, beaucoup plus qu'on ne peut fe l'imaginer.

Tous les faits aufquels on vient de répondre en deux mots, ne font encore que des obfervations préliminaires de l'Anonyme, & ce n'eft qu'après cette efpéce d'exorde qui décéle fi bien la paffion de l'Auteur, qu'il expofe page 4. Son premier chef d'accufation, en ces termes : *Le Sieur de la Bourdonnais s'eft fouftrait à l'autorité légitime du Sieur Dupleix, & du Confeil fupérieur de Pondichery.* Pour le prouver, l'Auteur employe très-férieufement toutes les équivoques puériles dont le fieur *Dupleix* a fait ufage dans fes Lettres, & tous les mauvais raifonnemens qui font réfutés depuis la page 171 du Mémoire jufqu'à la page 176. Il imagine que le Public oublie comme lui, & la Lettre du Miniftre, N°. VIII. page 10, qui laiffoit le fieur *de la Bourdonnais*, maître abfolu de fes Opérations, & la Lettre du fieur *Dupleix*, N°. XXXIII, page 73 où ce dernier dit au fieur de la Bourdonnais, *Je fçais que le Miniftre vous laiffe entiérement le Maître de vos Opérations, & qu'il me charge fimplement de vous* SECONDER. Et la Lettre du Confeil de *Pondichery*, N°. XXVIII. page 67. où ces Meffieurs s'excufent de ne pouvoir donner leur Avis au fieur *de la Bourdonnais*, fur l'entreprife *de Madraz, dans la crainte,* lui difent-ils, *d'aller peut-être contre la volonté du Roi, & du Miniftre qui vous ont chargé de leurs Ordres.* Eft-ce là le langage de gens qui fe croyent en droit de commander ?

Page 5 il équivoque encore pitoyablement fur les termes des Ordres, pour faire entendre que le fieur *de la Bourdonnais* n'avoit droit de commander que fur mer, & aux Officiers de Marine ; mais il oublie apparemment que les inftructions données par le Miniftre (a) le 16 Janvier 1741, enjoignent expreffément *à tous les Officiers de la Compagnie* fans aucune diftinction entre Officiers de terre & Officiers de mer, *d'obéir au fieur de la Bourdonnais, tant à terre qu'à la mer.* Il oublie que les Ordres du Roi du 5 Mars 1746, d'obéir au fieur *de la Bourdonnais*, font addreffées *à tous les Capitaines, Officiers des Vaiffeaux de la Compagnie* ET

(a) V. pag. 57. du Mémoire.

AUTRES QU'IL APPARTIENDRA *(a)*. Comment à la vue de ces Ordres qui font imprimés, & dans le Mémoire, & dans le Cahier des Piéces Justificatives, l'Auteur peut-il dire que le sieur *de la Bourdonnais* n'avoit droit de commander que sur mer, & aux seuls Officiers de marine. Comment entend-il donc ces termes, *& autres qu'il appartiendra*, & ceux-ci, *tant à terre qu'à la mer.*

L'Auteur n'est ni plus exact sur les faits, ni plus conséquent dans ses raisonnemens, lorsqu'il parle de la Lettre du Ministre du 29 Janvier 1745 *(b)* Il prétend que le pouvoir donné par cette Lettre au sieur *de la Bourdonnais*, de changer dans les plans qu'on lui proposoit tout ce qu'il jugeroit à propos, *& même de prendre tout autre parti quel qu'il fut*, ne regardoit que les croisiéres, & autres expéditions maritimes, & nullement les expéditions qui pourroient se faire à Terre, telles par exemple, que le Siége de *Madraz*. Mais la Lettre même suffit pour répondre à cette ridicule objection, malgré l'affectation avec laquelle l'Auteur sépare les Pouvoirs énoncés dans cette Lettre, & les ordres relatifs qui défendoient au sieur *de la Bourdonnais*, de s'emparer d'aucun établissement ennemi *pour le conserver* ( *c* ). Sans raprocher ces différens Ordres, qui loin de se détruire mutuellement, se donnent les uns aux autres une nouvelle force, il est de la dernicre évidence, que les pouvoirs du sieur *de la Bourdonnais*, s'étendoient indistinctement à toutes sortes d'expéditions, & qu'il devoit commander, *tant à terre qu'à la mer*, tant sur les Vaisseaux que dans les Etablissemens ennemis, dont il lui étoit défendu de s'emparer *pour les conserver* ; pendant que le sieur *Dupleix*, suivant les ordres précis du Ministre, & suivant les aveus échappés au sieur *Dupleix*, lui-même, dans un tems non suspect, ne devoit que le *seconder*. Ce sont les termes des ordres du Ministre, & des Lettres du sieur *Dupleix*, des 6 & 23 Septembre 1746. *(d)*

Page 6 l'Auteur passe au second chef d'accusation, qu'il énonce ainsi : *Le sieur de la Bourdonnais s'est servi, pour trahir l'Etat, de l'autorité qu'il avoit usurpée*, & il com-

*(a)* Ibid.
*(b)* V. les Piéces N°. VIII. pag. 10.
*(c)* V. le Mémoire pag. 58 & 59.
*(d)* V. les Piéces N°. XXXIII. pag. 73, & N°. LIX. pag. 95.

mence

mence cet article par un trait qui n'a pas médiocrement surpris le sieur *de la Bourdonnais.* Le voici : » Vous avez » comme moi, dit l'Auteur à son ami, entendu dire au » sieur *de la Bourdonnais,* à son arrivée en France, qu'il » avoit commandé dans les *Indes* les Vaisseaux de la Com- » pagnie, en vertu de l'Ordre du Roi du mois d'Avril 1745 ; » mais qu'il ne commandoit les troupes des Isles de *France* » & de *Bourbon,* que comme Gouverneur de ces Isles, & » qu'on avoit été bien imprudent de lui nommer un Suc- » cesseur pendant qu'il étoit encore aux *Indes,* parce qu'on » le mettoit hors d'état de se faire obéir par ces troupes. » Après cet aveu, continue l'Auteur, il est bien étonnant » de voir dans le Mémoire le sieur *de la Bourdonnais,* » commander en Maître aux troupes de *Pondichery,* s'ou- » blier jusqu'à les empêcher d'obéir au Conseil & au Com- « mandant Général de *Pondichery,* & de toute l'*Inde.*

Ce fragment de la Lettre qu'on rapporte ici mot pour mot, rend, à la vérité avec fort peu d'exactitude, une con- versation qui fut tenue en présence d'une personne infini- ment respectable, entre M. de *Montaran* & le sieur *de la Bourdonnais.* Comme cette conversation ne se passa qu'en- tre ces trois personnes, l'Anonyme en impose visiblement, lorsqu'il dit : *Vous avez, comme moi, entendu dire au sieur de la Bourdonnais* &c. Ni l'Anonyme, ni la personne à qui il écrit, n'ont donc jamais *entendu dire au sieur de la Bour- donnais* ce que la Lettre rapporte, puisqu'encore une fois il est constant que ce qui fut dit alors par le sieur *de la Bour- donnais,* ne fut entendu que des deux seules personnes à qui il avoit l'honneur de parler. On s'en rapporte sur cela avec toute sorte de confiance à leur témoignage. Au fond voici ce qui fut dit alors.

Le Magistrat à qui le sieur *de la Bourdonnais* rendoit compte de sa conduite, & de l'état de nos Colonies, lui ayant fait plusieurs questions sur l'expédition de *Madraz,* M. de *Montaran* dit à ce Magistrat, *demandez-lui seule- ment, Monsieur, pourquoi & en vertu de quels Ordres il a commandé à terre ?* Etonné de cette question, le sieur *de la Bourdonnais* répondit, *qu'il avoit commandé à terre, parce qu'un Chef d'Escadre, qui descend sur le terrain ennemi à la tête de ses troupes & de ses équipages, est en droit de les*

D

commander : qu'indépendamment de ce droit résultant des Ordres du Roi dont il étoit porteur , il avoit encore , en qualité de Gouverneur des Isles de France & de Bourbon , un droit particulier de commander , tant à terre qu'à la mer , les troupes de ce Gouvernement , qui étoient dans son Escadre ; & il ajouta , qu'on avoit risqué beaucoup en lui ôtant son Gouvernement , dans le tems que ces troupes des Isles faisoient dans l'Inde la guerre sous ses ordres , parce qu'il étoit à craindre que se regardant comme soumises à un nouveau Gouverneur , elles ne fissent difficulté de lui obéir aussi ponctuellement qu'elles avoient fait jusqu'alors. Voilà ce que l'Anonyme auroit dû dire dans sa Lettre , s'il avoit été mieux instruit , ou moins partial.

Mais s'il paroît par le trait qu'on vient de rapporter, que l'Anonyme sçait des particularités que presque tout le monde ignore : on va voir qu'en revanche il ignore bien des choses que presque tout le monde sçait.

Par exemple, pag. 7, il reproche au sieur de la Bourdonnais d'avoir fait périr , par l'exécution de cet abus de son autorité ( ce sont ses termes ) quinze cens François dans le coup de vent du 13 Octobre , & il ajoute que ces faits ne sont pas douteux ; que les témoignages par écrit sont constans, & ne laissent rien à désirer. Or, ces faits si constans sont notoirement faux, puisque tout le monde sçait que dans le coup de vent du 13 il n'a péri que le Duc d'Orléans , dans lequel il y avoit à peine 150 François, la Marie Gertrude où il n'y avoit tout au plus que 4 à 5 François , le surplus de l'Equipage étant composé de Lascars. Il s'est encore trouvé 2 ou 3 François dans un Bot qui périt alors. Voilà comment l'Anonyme est instruit des affaires de l'Inde. Tout ce qu'on peut dire , c'est qu'il ignore les faits , ou qu'il les déguise.

On ne parle point ici du ridicule qu'il y a d'imputer au Sr. de la Bourdonnais le désastre causé par un coup de vent, que personne ne pouvoit ni prévoir ni prévenir.

A la même page 7 l'Auteur cite au nombre des Piéces , dans lesquelles , dit-il , il trouve écrits tous les crimes du sieur de la Bourdonnais , le Journal des Députez de Pondichery à Madras. Mais on lui demande où il a vû ce Journal , qui est une Piéce secrette du Procès. Il ajoute ensuite que ce

Journal est produit par le sieur de la Bourdonnais comme Pièce justificative : Est-ce une méchanceté ou une bévûe ? Que l'Anonyme s'explique ; car il est bien certain que le sieur de la Bourdonnais n'a ni produit ni pû produire ce Journal. Où l'Anonyme en a-t-il donc pris connoissance ?

Ce qu'il dit pag. 8 & 9 est refuté d'avance par le Mémoire auquel il renvoye lui-même. Mais voici une autre objection qui se trouve à la fin de la page 9, & au commencement de la page 10.

Le sieur de la Bourdonnais, dit-il, nous présente sous la datte du 21 Septembre, une Capitulation par laquelle Madraz se rend à condition d'une rançon, qui devoit être réglée à l'amiable. Il écrit ensuite le 23 Septembre que la Ville s'est renduë pour ainsi dire à discrétion. Enfin le 26 du même mois il écrit que le parti de garder Madraz n'ayant pas lieu, il faut ou démanteler ou rançonner cette Place. Sur ces faits ainsi raprochés, voici l'éclaircissement que demande l'Anonyme. « Que le Sr de la Bourdonnais m'explique, dit-il, com-
» ment il est possible qu'il ait été le maître le 23, & le 26
» Septembre de décider du sort de Madraz pris à discrétion
» le 21, & d'opter entre différens partis à prendre, s'il est
» vrai, comme il le dit, que par la Capitulation du 21 Septem-
» bre il se fût engagé à traiter de la rançon de cette Ville » Il est aisé de satisfaire à cette question, & l'Anonyme se la se-roit sans doute épargnée, s'il avoit lû avec quelque atten-tion le Mémoire qu'il a si bonne envie de réfuter.

Il y auroit vû que le sieur de la Bourdonnais, depuis la si-gnature de la Capitulation du 21 Septembre, n'avoit jamais pensé à faire d'autres conditions à la Ville que celles du ran-çonnement. Jamais il n'en a proposé d'autres. Toutes ses Lettres, toutes celles du sieur Dupleix, en un mot toutes les Piéces du Procès en font foi, & l'on a vû que MM. de Pondichery ne lui ont que trop reproché d'avoir toûjours per-sisté depuis l'instant de la Capitulation, dans ce parti du ran-çonnement. Mais, dira l'Anonyme, pourquoi donc écri-viez-vous le 21, que les conditions ausquelles la ville s'étoit renduë, la mettoient pour ainsi dire à votre discrétion ? On lui répondra qu'il n'a qu'à lire la Note (a) du No. LIII dans les Piéces justificatives, & qu'il y trouvera la réponse à sa question. D'ailleurs n'étoit-il pas vrai de dire que la Ville étoit

D ij

en quelque forte rendue à difcretion , puifque la fixation de la rançon , fuivant l'exemple du Chapeau évalué fix Roupies , devoit dépendre de l'eftimation des Effets de la Ville , auxquels le fieur *de la Bourdonnais* fembloit pouvoir donner un prix arbitraire.

L'Anonyme infiftera-t-il , en demandant pourquoi après être convenu du rançonnement par la Capitulation du 21 , le fieur *de la Bourdonnais* paroît dans fa Lettre du 26 Septembre déliberer entre trois partis à prendre ; fçavoir , celui de garder la Place , celui de la démanteler , & celui de la rançonner ? On lui répondra encore une fois , que le fieur *de la Bourdonnais* n'a jamais déliberé fur le choix entre ces trois partis. Il a bien dit qu'on ne pourroit prendre qu'un des trois ; parce qu'en effet on ne fçauroit faire autre chofe d'une Ville prife. Enfuite en faifant voir que le parti de garder *Madraz* & celui de le démanteler n'étoient ni pratiquables ni convenables à la fituation des affaires , il a conclu que le véritable parti étoit celui du rançonnement qu'il avoit pris par la Capitulation du 21. Que trouve-t-on de louche ou d'équivoque dans toute cette conduite ?

Page 10 & 11 l'Auteur répéte l'objection fur l'Artillerie , les Agrés & Apparaux , & celle fur les Prifonniers , auxquelles on a répondu dans le Mémoire , depuis la page 180 jufqu'à la page 184 ; & depuis la page 186 jufqu'à la page 188. Il croit apparemment qu'en diffimulant les Réponfes , les Objections reftent dans toute leur force. Mais ce qui lui paroît une preuve évidente de collufion avec les Ennemis de l'Etat , c'eft qu'au lieu d'emporter des vivres de *Madraz* , le fieur *de la Bourdonnais* ait été demander du Pain & du Bifcuit à *Pondichery*; Il ne fçauroit pardonner ce trait là. Il faut cependant efperer que ces grands mouvemens d'indignation cefferont , quand il fçaura qu'il n'y avoit à *Madraz* , ni Pain ni Farine , & que par conféquent , pour fournir à la fubfiftance des Troupes & des Equipages , il falloit bien en chercher ailleurs.

Il s'imagine fans doute avoir démontré qu'il y avoit beaucoup de Bifcuit , de Pain & de Farine dans *Madraz* , lorfqu'il a fait obferver que cette Ville contenoit plus de cent mille habitans , qui en fe fauvant pendant le fiége , avoient dû , felon lui , laiffer une quantité de Farine immenfe. Cet-

te remarque, & la conséquence qu'on en tire, pourroient
être justes, s'il étoit question d'une Ville d'Europe, où tout
le monde se nourrit de pain. Mais ici elles portent à faux,
puisqu'il est bien certain que des cent mille habitans qui s'é-
toient sauvés de *Madraz*, il n'y avoit pas trente personnes
qui fissent leur nourriture ordinaire de Pain. L'Anonyme
ignore que dans l'*Inde* tous les Naturels du Pays ne mangent
point de Pain, & qu'ils ne vivent que de Ris.

Il y avoit à la vérité du Bled à *Madraz* ; aussi verra-t-on
par l'état du chargement des Vaisseaux, qui sera imprimé
à la fin de ce Mémoire, que le sieur *de la Bourdonnais* ne
négligea point ces Provisions, & qu'il en chargea les Vaisseaux. Mais pour que ce Bled pût servir à la nourriture des
Equipages, il falloit qu'il fût moulu, & cela ne se pouvoit
faire ni à *Madraz* ni dans les Vaisseaux, faute de Moulins ;
car il est bon de sçavoir qu'à *Madraz* il n'y a point de Moulins à eau ni à vent pour moudre le Bled, comme en France.
Ceux qui y vivent de pain, sont dans l'usage de broyer le
Bled à force de bras, & chacun en broye ainsi journellement ce qu'il en faut pour lui, & pour sa famille pendant
deux ou trois jours. Il est dès-là fort aisé de concevoir que
presque tous les habitans ayant abandonné la Ville, avant
& pendant le siége, il ne restoit dans *Madraz* ni Farine, ni
*Coulis* pour en faire. Il ne doit donc pas paroître fort étrange
qu'en sortant de *Madraz*, quoiqu'avec beaucoup de Bled,
le sieur *de la Bourdonnais* ait demandé à *Pondichery* du Pain
& du Biscuit pour ses Equipages. Si l'Anonyme avoit mieux
connu les usages des *Indes*, il ne se seroit pas si fort récrié
sur un fait si indifférent par lui-même. Mais tout devient crime aux yeux d'un homme, qui veut trouver du crime par
tout. On en va juger par les preuves qu'il donnera dans un
moment sur son troisiéme chef d'accusation conçu en ces
termes : *Le sieur* de la Bourdonnais *a profité de sa trahison, pour
s'enrichir par le divertissement & le pillage d'Effets apparte-
nans à l'Etat, qui se sont trouvés dans* Madraz.

La premiere preuve que l'Anonyme en rapporte, con-
siste à dire que tous ceux qui ont assisté à l'expédition de
*Madraz*, conviennent que le sieur *de la Bourdonnais* y a
pillé. Mais on soutient au contraire à l'Anonyme, que tous
ceux qui ont été à *Madraz* se réunissent à dire que le sieur

*de la Bourdonnais* n'y a rien pris, ni rien pillé, & on lui en donne pour preuve les dépositions de 500 Témoins entendus, soit dans les *Indes*, soit en France. En un mot, on ne connoît pas dans toutes les informations un seul Témoin qui ait déposé que le sieur *de la Bourdonnais* ait pris quoique ce soit.

Une deuxième preuve de pillage, selon l'Anonyme, pag. 13, c'est que le sieur *de la Bourdonnais* devoit tirer de *Madraz* quarante millions, suivant le jugement du feu sieur *Dumas*. Or il est prouvé au procès par la déposition du sieur *de Saint Martin*, que le sieur *Dumas* avoit dit au Témoin avant le siège de *Madraz*, qu'il estimoit la prise de cette Ville à huit ou neuf cens mille Pagodes, c'est-à-dire à sept ou huit millions. L'Anonyme espere-t-il que sa simple assertion l'emportera sur cette preuve? En répétant ici que le projet sur *Madraz* a été formé par le sieur *de la Bourdonnais*, & communiqué par lui au Ministere en 1740, on osera avancer que lorsqu'il fut question d'estimer le bénéfice que l'on pouvoit espérer de cette conquête, il fut décidé par M. le Cardinal de *Fleury* & par M. *Orry*, sur l'estimation du feu sieur *Dumas* qui étoit présent, & sur celle du sieur *Dupleix*, exprimée dans une de ses Lettres qui fut alors représentée, que le sieur *de la Bourdonnais* rendroit un service signalé à l'Etat & à la *Compagnie* s'il pouvoit, en prenant *Madraz*, en tirer pour la *Compagnie* une rançon de dix millions. On dit une rançon, parce que depuis le premier moment où il fut question de cette entreprise, elle ne fut jamais envisagée sous un autre jour que sous celui de la rançon. Une personne des plus respectables, qui étoit alors à la tête de la *Compagnie* des *Indes*, & qui a assisté à toutes les Délibérations qui ont été prises à ce sujet, ne refusera pas d'attester la vérité de tous les faits qu'on vient d'avancer.

La troisième circonstance que l'Anonyme allégue page 13, comme propre à former une violente présomption contre l'innocence du sieur *de la Bourdonnais*, est le défaut de présentation des Livres de la Compagnie Angloise. Il lui fait donc un crime, 1°. de ce qu'il ne s'est pas fait représenter ces Livres; 2°. de ce que ces Livres ne se trouvent plus aujourd'hui, il est tenté de conclure qu'il les a souftraits. On va répondre aux deux parties de cette objection.

Il est certain que par la Capitulation du 21 Septembre, le sieur *de la Bourdonnais* fit obliger les Anglois de remettre aux François leurs Livres de compte, ce qu'il n'auroit pas fait s'il avoit eu dessein de dérober la connoissance de l'état actuel de leurs fonds & de leurs effets. Il est d'ailleurs prouvé par la Lettre du sieur *Bonneau* Commissaire, du 28 Septembre, (a) que les clefs du dépôt où étoient les Livres, avoient d'abord été remises au sieur *Desprémesnil*, autre Commissaire, qui sçavoit l'Anglois. Enfin il est prouvé par la déposition du sieur *Desprémesnil* (b) que ces Livres lui avoient été remis.

Mais on demandera peut-être au sieur *de la Bourdonnais* pourquoi il n'a pas fait constater par un Procès-verbal l'état de ces Livres. Il répondra que ces précautions de formalité étoient du ressort des Commissaires; s'il y avoit des Procès-verbaux à dresser, ce soin les regardoit seuls. On peut d'autant moins imputer ce défaut de Procès-verbaux au sieur *de la Bourdonnais*, que par les engagemens pris avec la *Compagnie*, pour tout ce qui concernoit les prises & les expéditions de guerre, il étoit dit, comme on le peut voir par sa Lettre à la Compagnie, du 10 Mars 1746, (c) que les Commissaires seroient responsables de tous les détails pour les prises & les dépenses qui pourroient se faire, & que pour lui *il n'auroit personnellement à répondre que des actions militaires.*

Voilà donc la premiere partie de l'objection détruite; puisqu'il est prouvé & par la Lettre du sieur *Bonneau*, & par la déposition du sieur *Desprémesnil*, que dès l'instant de la prise de la Ville, les Livres Anglois furent remis au sieur *Desprémesnil* Commissaire.

A l'égard de la deuxième partie de l'objection, qui a pour objet la souftraction de ces Livres, elle n'a ni fondement ni apparence de raison, & il sera facile de s'en convaincre par les faits même que l'Anonyme allégue.

Ecoutons-le. » Si on doute, dit-il page 14, qu'ils ( ces

_(a) V. les Piéces Justificatives. N°. LXXV. pag. 121._
_(b) V. le Mémoire pag. 236._
_(c) V. les Piéces N°. XII pag. 16 & 27._

» Livres) ayent été remis & fouſtraits, on peut mettre fous
» les yeux du Public les Lettres originales du Gouverneur,
» & du Conſeil Anglois, qui, *depuis la reſtitution de Ma-*
» *draz*, demandent avec inſtance des extraits de ces Li-
» vres, qu'ils ſuppoſent être au pouvoir du Conſeil de
» *Pondichery*. Ce fait avancé par l'Anonyme eſt de la derniere importance.

En effet, dès qu'il eſt indubitable, ſelon lui, que les Livres en queſtion ont été remis, & que les Anglois en demandent aujourd'hui la reſtitution, ou des extraits à MM.
du Conſeil de *Pondichery*, il s'enſuit néceſſairement que
c'eſt à MM. du Conſeil de *Pondichery* que les Anglois
ſoutiennent avoir remis ces Livres, conformément à l'Article VII. du Traité de Rachat ſigné le 21 Octobre; (*a*)
car les Anglois ne demanderoient pas avec inſtance à
MM. de *Pondichery* des Livres qu'ils ſçauroient ne leur
avoir pas remis.

Que les Anglois leur ayent en effet remis ces Livres,
c'eſt un fait dont il ne paroît pas qu'on puiſſe douter.

1°. Leurs Lettres le ſuppoſent évidemment, ſuivant
l'Anonyme.

2°. Si la ſuppreſſion de ces Livres prétendue faite par
le ſieur *de la Bourdonnais*, long-tems avant la ſignature du
Traité de rançon du 21 Octobre, avoit mis les Anglois
dans l'impoſſibilité de remettre ces Livres à MM. de *Pondichery*, il eſt ſenſible que les Anglois ne ſe feroient pas
obligés par ce Traité du 21 Octobre de les remettre à MM.
de *Pondichery*. Ils auroient dit à M. *de la Bourdonnais*:
Comment pouvez-vous nous obliger à remettre des Livres
que vous avez enlevés, & comment oſez-vous nous pro-
poſer de ſouſcrire un engagement dont vous ſçavez que
vous nous avez rendu vous-même l'exécution impoſſible?
Il eſt donc évident que quand les Anglois ſe ſont obligés
le 21 Octobre à remettre ces Livres, ils les avoient.

3°. Cet engagement une fois ſouſcrit, ſi les Anglois y
avoient manqué, c'eſt-à-dire, s'ils n'avoient pas remis leurs
Livres à MM. de *Pondichery*, qu'en feroit-il arrivé? Meſ-
ſieurs de *Pondichery*, qui ne cherchoient qu'un prétexte
pour rompre le Traité, n'auroient pas manqué une ſi belle

(*a*) V. les Piéces N°. CLXXXI.

occaſion

occasion de prendre les Anglois en défaut. Ils leur
auroient dit : *Exécutez le Traité que vous venez de signer ;
représentez-nous vos Livres , comme vous vous y êtes expressément engagés ; sinon nous sommes de plein droit dispensés de
tenir la Capitulation , & vous êtes à notre discrétion.* Qu'auroient pû répondre les Anglois ? Dans l'hypothèse ils auroient dit : *Le sieur de la Bourdonnais a enlevé nos Livres ;
comment voulez-vous que nous vous les représentions ?* Dans
cette réponse , dont on n'auroit pas manqué de dresser un
Procès-verbal en bonne forme , MM. de *Pondichery* auroient trouvé un double avantage. D'un côté ils auroient
par-là acquis contre le sieur *de la Bourdonnais* une preuve
décisive d'un fait de suppression de Livres , dont , sans cela ,
on les auroit accusés eux-mêmes : d'un autre côté ils auroient toujours été en droit de rompre le Traité , comme
ils le désiroient en disant aux Anglois : *Nous n'examinons
point si , par collusion avec le sieur de la Bourdonnais , vous
avez supprimé vos Livres ; il nous suffit qu'en remettant la
Ville entre nos mains , vous vous soyez obligés de nous représenter ces Livres ; faute par vous de remplir cette condition
importante du Traité , nous sommes autorisés à le rompre , sans
que vous puissiez nous reprocher aucune injustice.*

Il suit de ces réflexions simples & naturelles que les Anglois avoient leurs Livres , lorsque par l'Article VII du
Traité de rachapt du 21, Octobre , ils se sont obligés de
les représenter à MM. de *Pondichery* ; qu'ils ont en effet
exécuté cet Article du Traité en leur remettant leurs Livres ; & que de plein droit , & faute d'avoir constaté le contraire , MM. de *Pondichery* sont réputés les avoir reçus ,
comme le supposent , suivant l'Anonyme , les Lettres originales du Gouverneur & du Conseil Anglois : enfin il en
résulte que , si ces Livres ont été supprimés , comme il pa-
roit constant , suivant l'Anonyme même , ils n'ont pû l'être
que par MM. de *Pondichery*. On verra dans la suite par les
pieces dont on rendra compte à la fin de ce Mémoire ,
qu'on a en effet à *Pondichery* un goût assez décidé pour ces
suppressions.

L'Anonyme convient à la même pag. 14. qu'en effet ,
dans l'ordre ordinaire , ces Livres devroient se trouver à
*Pondichery* ; & il n'a garde de dire que s'ils ne s'y trouvent

pas, ce ne peut être que parce qu'ils ont été supprimés par MM. de *Pondichery*. Il aime mieux supposer que ces Livres ou n'existoient pas, ou qu'ils avoient été soustraits par les Anglois avant la reddition de la Place ; & il ne fait cette supposition que pour en conclure que le sieur *de la Bourdonnais* seroit *impardonnable* d'avoir négligé de constater une circonstance si intéressante pour sa décharge & sa justification. Mais l'Anonyme n'a pas senti que cette objection se rétorque avec force contre MM. de *Pondichery*, qu'il entreprend de justifier.

Il y a en effet, dans leur conduite & fraude & négligence ; & pour rendre à l'Anonyme ses termes, ils sont *impardonnables* d'avoir supprimé les Livres, qui leur ont constamment été remis, comme on l'a fait voir ; & s'il étoit vrai que les Anglois ne leur en eussent remis aucuns, malgré l'engagement formel qu'ils avoient contracté de les leur remettre, ils seroient, suivant le raisonnement même de l'Anonyme, *impardonnables d'avoir négligé de constater une circonstance aussi intéressante pour leur décharge, & leur justification*. L'Anonyme pouvoit-il reconnoître plus expressément que faute par MM. de *Pondichery* d'avoir constaté qu'on ne leur remettoit aucuns Livres, ils sont censés les avoir reçus & supprimés ; & l'on peut même dire qu'il faut se refuser à l'évidence pour douter de la remise & de la suppression de ces Livres.

Enfin n'est-on pas révolté d'entendre l'Anonyme offrir de « mettre sous les yeux du public les Lettres originales du » Gouverneur & du Conseil Anglois, qui, dit-il, depuis » la restitution de *Madraz*, demandent avec instance des » Extraits de ces Livres, qu'ils supposent être au pouvoir » du Conseil de *Pondichery* ? » Comment l'Anonyme a-t-il connoissance de ces Lettres originales ? Dans quel dépôt les a-t-il vûes ? Par qui est-il si bien instruit ? Pourquoi, avec tant de zèle, a-t-il négligé jusqu'ici de faire paroître ces Lettres originales ? S'il les a crues propres à procurer des éclaircissemens dont le sieur *Dupleix* n'eut rien à craindre, pourquoi ne les a-t-il pas remises à M. le Procureur Général de la Commission, qui certainement n'auroit pas refusé de faire usage de ces pièces, s'il leur avoit trouvé quelque caractère de preuve ? Heureusement MM. les Commissaires font aujourd'hui trop bien inftruits, pour ne pas découvrir jufques dans ces menaces mêmes, toute la méchanceté & toute l'impuiffance des ennemis du fieur *de la Bourdonnais.*

Page 14 & 15, l'Anonyme raffemble un grand nombre de faits, pour achever d'établir fon troifiéme chef d'accufation. Les voici.

### PREMIER FAIT.

*Les Embarcations Angloifes fous le Pavillon Maure, chargées dans la Rade de* Madraz, *par préférence aux Navires François, & aux Embarcations de Pondichery,*

### RÉPONSE.

Il n'y a pas au Procès la moindre preuve de ce fait; jamais ces embarcations ne font venues à *Madraz* pendant que le fieur *de la Bourdonnais* y a été : c'eft un fait notoire, & il ne fe fouvient pas qu'aucun Témoin en ait jamais parlé.

### DEUXIÉME FAIT.

*Le Chargement noEturne d'un Bâtiment Hollandois, dans la même Rade, par des Chelingues envoyées par ordre du Sr de la Bourdonnais, & de fon frere, les Caiffes chargées fur ces Chelingues connoiffables par des Bouées & des Orins*

### RÉPONSE.

La fauffeté de ce fait eft démontrée dans le Mémoire depuis la page 259 jufqu'à la page 266, & l'on va voir dans un moment, qu'elle l'eft encore par la dépofition du Pere *René*, & par celle du fieur *Cotterel*, Témoins nouvellement entendus.

### TROISIÉME FAIT.

*L'Emprifonnement des plus riches Arméniens, par Ordre du fieur de la Bourdonnais, les préfens confidérables qu'il en a exigés.*

### REPONSE.

Ce fait eft détruit auffi dans le Mémoire, page 201, 202, & 203, & il le fera encore par la dépofition du fieur *Cotterel*, & par celle du Pere *René*.

# QUATRIÉME FAIT.

*La souftraction de la connoiffance de tous les effets tirés des Magazins, & chargés fur les Vaiffeaux, foit d'Europe, foit des Indes, foit de prife Angloife.*

## REPONSE.

On verra dans un moment en parlant de la dépofition du fieur *Cotterel*, que cet article fe rétorque contre ceux dont l'Anonyme fait l'apologie, & il fera prouvé par le Journal du fieur *Cotterel*, que l'Anonyme donne ici le change, & qu'il impute au fieur *de la Bourdonnais* des crimes dont il eft avéré que d'autres font coupables. Cet article eft très-important.

## CINQUIÉME FAIT.

*Le défaut total d'inventaire, & de factures fuppléés par des notes, ou des connoiffemens, où les balles ne font reconnoiffables que par l'enveloppe.*

## REPONSE.

Ce fait eft détruit dans le Mémoire pag. 81 & 82; mais le reproche qu'on fait ici au fieur *de la Bourdonnais* exige de fa part une explication plus particuliere, qui ne fçauroit manquer de foulever contre l'Anonyme, & contre ceux dont il prend la défenfe, l'indignation de tous les honnêtes gens. Voici donc les faits, qu'il eft important de déveloper.

Lorfqu'on met un Vaiffeau en chargement, les Effets qu'on y embarque font renfermés ou dans des facs comme du bled, ou du ris; ou dans des tonneaux comme du vin, de la bierre, ou du fucre; ou dans des balles, comme du drap, des toiles, ou autres étoffes; ou dans des caiffes, comme du cloud, du bifcuit, & chofes femblables. A mefure que ces Effets ou Marchandifes paffent à bord du Navire fous les yeux du Capitaine du port, on tient un Regiftre exact de la quantité des Sacs, des Tonneaux, des Balles, & des Caiffes qui s'embarquent; & le Capitaine du Vaiffeau en donne fon reçu, fuivant lequel il eft chargé de tant de Sacs, de Tonneaux, de Balles, de Caiffes, &c.

Ainfi les Regiftres du Port, & les Reçus du Capitaine ne conftatent que la quantité des Sacs, Tonneaux, Balles ou Caiffes, fans exprimer ce qui eft contenu dans chaque Tonneau, dans chaque Sac, dans chaque Caiffe, ou dans chaque Balle. Il faut feulement obferver que toutes ces Piéces font marquées d'une efpece de fceau, ou marque, comme d'une M. d'un P. ou de quelques autres lettres. Voilà ce qui fe pratique par tout lorfqu'on charge un Vaiffeau. Mais avant que ces Sacs, ces Balles, ces Caiffes, & ces Tonneaux paffent des Magazins aux bords de la Mer, le Garde Magazin tient un Regiftre exact de la qualité & quantité de tout ce qui eft contenu dans chaque Sac, Balle, Caiffe ou Tonneau, & c'eft l'extrait de ce Regiftre qu'on appelle Facture, c'eft-à-dire Etat détaillé de ce qui eft compris dans chaque Piéce.

Or le reproche fait au fieur *de la Bourdonnais* par l'Anonyme, fuppofe qu'au lieu de prendre toutes ces précautions pour conferver une Notice fûre des Effets embarqués à *Madraz*, il a négligé les plus effentielles, & ne s'eft affujetti pour la forme qu'aux plus inutiles. En un mot, fon objet eft de perfuader au Public que le fieur *de la Bourdonnais* peut bien avoir eu l'attention de faire conftater par des Notes, ou Connoiffemens, qu'il avoit fait embarquer des Balles; mais qu'on n'a jamais vû ce que contenoient ces Balles, parce que, felon lui, il n'y a jamais eu ni Inventaires ni Factures. Mais ce dernier fait, eft d'une fauffeté infigne; & Meffieurs les Commiffaires en trouveront la preuve au Procès, dans les Papiers du fieur *Desjardins*, établi Commiffaire pour les Magazins à *Madraz*, & dans la Procédure de *Pondichery*.

Ils y verront que le fieur *Desjardins* avoit tenu jour par jour, & article par article, un Regiftre fort exact, de la qualité & quantité de tous les Effets embarqués. Ils y verront qu'au moment où le fieur *Paradis* l'expulfa du Confeil, il rendit fes Comptes, & remit fes Regiftres, dont le fieur *Barthelemy*, alors Commandant, ou Gouverneur à *Madraz*, lui donna une décharge. Enfin, ils verront que ces Regiftres, qui contenoient l'Inventaire, ou la Facture générale de toutes chofes, piéce par piéce, tant en qualité, qu'en quantité, ont été fupprimés par MM. de *Pondichery*,

& que ne sçachant comment pallier la soustraction de ces Registres importans, ils ont profité de la mort du sieur *Bruyere*, qui étoit Conseiller à *Madraz*, dans le tems que le sieur *Desjardins* y rendit ses Comptes, pour attribuer la perte de ces Livres à la négligence de ce Conseiller. On verra dans la suite, qu'ils ont de même supprimé les *Olles*, ou Registres des *Brames*.

## SIXIÉME FAIT.

*L'affectation d'annoncer & de supposer aux Isles de France un riche Chargement au Navire le Phénix qu'on croit péri, & qui arrivant contre toute apparence ne porte que 40 Caisses d'armes, & trois Caisses de cloux.*

## RE'PONSE.

Le fait est absolument faux; il est de l'invention du sieur *Morin*, qui a débité qu'à l'Isle de France le sieur *de la Bourdonnais* croyant le *Phénix* perdu avoit assuré au sieur *David* Gouverneur que ce Vaisseau étoit richement chargé, & que par l'événement ce Navire étoit arrivé n'ayant pour toute Carguaison que des armes & du clou. Mais la fausseté du fait est prouvé par la déposition du sieur *de la Chaise*, Capitaine. Ce Témoin a déposé *qu'à l'Isle de France il demanda au sieur* David Gouverneur, *s'il étoit vrai que le sieur de la Bourdonnais eût annoncé le Phénix comme un Vaisseau richement chargé, & que le sieur David lui répondit que non, & qu'il n'avoit jamais rien entendu dire de pareil au sieur de la Bourdonnais.* Il n'y a d'ailleurs aucun Témoin qui, sur ce fait, ait parlé autrement que le sieur *de la Chaise*.

## SEPTIÉME FAIT.

*Le Chargement de Piastres sur un Vaisseau Suédois en rade de l'Isle de France.*

## RE'PONSE.

L'Anonyme n'est pas bien instruit, puisqu'il ne parle que de Piastres: il y avoit aussi des Pagodes; il faut l'instruire. Voici le fait.

Le sieur *de la Bourdonnais* envoya sur le Vaisseau Sué-

dois mille Piaftres pour acheter des meubles de Chine , &
12000 Pagodes pour faire paffer en Europe. Mais pourquoi, dit-on, mettiez-vous plutôt ces fonds fur un Vaiffeau
Suédois que fur un Vaiffeau François ? C'eft que la Suéde
étant alors en paix avec toutes les Couronnes, on ne prenoit
d'affurance fur les Vaiffeaux Suédois que 10 ou 12 pour
cent, & que fur les autres Vaiffeaux d'Europe, tels que les
François & autres, on prenoit 40, & 45 pour 100 d'affurance.

## HUITIÉME FAIT.

*Les Verfemens d'Effets pour le fieur de la Bourdonnais à
Angola, à la Côte du Bréfil, à la Martinique , à Sainte
Euftache, en Hollande, peut-être ailleurs.*

## RÉPONSE.

Il y a dans ces deux lignes prefqu'autant d'impoftures
que de mots. L'Anonyme y fuppofe que les Sieur & Dame
*de la Bourdonnais* ont mis à couvert chacun de leur côté
quantité d'effets dans tous les lieux où ils ont paffé. Mais
outre que ces faits ne font fondés fur aucune forte de preuve, quelle qu'elle puiffe être, il eft aifé de fuivre les Sieur
& Dame *de la Bourdonnais* dans toute leur route, & depuis le moment de leur départ des *Ifles* jufqu'à leur arrivée
en France, & de faire voir qu'en aucun endroit ils n'ont
fait aucuns verfemens d'effets, ni aucuns débarquemens
clandeftins.

Il eft d'abord certain qu'en partant de l'*Ifle de France*
les Sieur & Dame *de la Bourdonnais* n'ont rien embarqué,
qu'au vû & au fçû de tout le monde, & fous les yeux du
fieur *David* nouveau Gouverneur, qui a pû attefter à la
*Compagnie* qu'ils n'avoient emporté qu'une partie de leurs
meubles, uftenfiles & provifions, avec les fonds qu'ils pu-
rent recevoir des gens chargés de leurs affaires dans ces
Ifles.

De l'*Ifle de France* ils arriverent à *Angola*, fuivant les
Ordres que le fieur *de la Bourdonnais* avoit reçus. Bientôt
après il apprit qu'il paroiffoit des Vaiffeaux, & il envoya
dans une Chaloupe deux Capitaines de fon Efcadre, pour
reconnoître ces Vaiffeaux, pendant qu'il faifoit appareiller

le sien, pour les poursuivre s'ils étoient ennemis. Les deux Capitaines vinrent lui rapporter *que c'étoient deux Corsaires Anglois de* 50 *canons armés jusqu'aux dents.* Dans le même tems les Habitans d'Angola répandirent le bruit qu'il étoit attendu par une Escadre Angloise de quinze Vaisseaux. Ce bruit, joint à l'apparition des deux Vaisseaux, ne laissa pas douter que l'Escadre ne fût bloquée, & à la veille d'essuyer un combat d'autant plus terrible, qu'il devoit être fort inégal. Presque tous les Officiers firent au sieur *de la Bourdonnais* les plus fortes représentations pour qu'il mît sa femme & ses enfans à couvert du danger, sur un vaisseau Portugais qu'il pouvoit freter pour les transporter au Bresil, d'où ils se rendroient en sûreté à Lisbonne sur la Flote du Roi de Portugal. Le sieur *de la Bourdonnais* sentoit trop vivement leur péril, pour ne pas se résoudre à cette séparation, où le forçoit la nécessité des circonstances. Il laissa au sieur *Bouvet,* Officier de l'*Achille*, le soin de verser sur le petit Vaisseau Portugais, tout ce que la Dame *de la Bourdonnais* devoit emporter avec elle. Le sieur *Bouvet* a déposé *qu'il n'y avoit en effet que les meubles dont on vient de parler, & les hardes de la Dame de* la Bourdonnais; & le nommé *Palmo* Indien, Domestique libre du sieur *de la Bourdonnais*, & qui a accompagné la Dame *de la Bourdonnais* jusqu'à Paris, y a aussi déposé la même chose : il a ajouté, *qu'il avoit toujours eu les clefs de tous les coffres embarqués, & qu'ils ne contenoient que des meubles, hardes, & papiers.* Enfin tout ce que la Dame *de la Bourdonnais* embarqua à *Angola* fut visité très-scrupuleusement, & le Douanier d'*Angola* en dressa un état détaillé & certifié de lui, dont il remit un double à la Dame *de la Bourdonnais.*

D'*Angola* elle arriva au Bresil, & de-là à *Lisbonne*, où tous ses coffres furent ouverts, visités à la Douane. On sçait que les visites s'y font avec la dernière exactitude, parce qu'on craint qu'il ne passe du *Bresil* des Diamans en fraude dans le *Portugal*. On visita donc jusqu'aux papiers qui avoient été remis à la Dame *de la Bourdonnais* par son mari. Quoiqu'elle ignorât tout ce que ces papiers contenoient, elle les confia à M. de *Chavigny*, qui étoit

alors

alors Ambaſſadeur de France à la Cour de Portugal ; elle lui remit auſſi l'état de ſes effets certifié par le Douanier d'*Angola*. M. de *Chavigny* fit faire une traduction de cet état, dont il envoya une copie au Miniſtre en France. Il a pû auſſi lui envoyer un état de tous ſes papiers, puiſque la Dame *de la Bourdonnais* les lui avoit tous remis avec un double du Bilan de ſon mari, montant à 226oooo livres.

De *Liſbonne* la Dame *de la Bourdonnais* a paſſé en *Eſpagne*, où ſes effets ont encore été viſités, & enfin elle eſt arrivée en France, où ils ont eſſuyé de nouveau les mêmes viſites. On voit donc que les verſemens d'effets ſuppoſés par l'Anonyme, & qu'il impute à la Dame *de la Bourdonnais*, ſont de pures calomnies (*a*).

A l'égard du ſieur *de la Bourdonnais*, lorſqu'il eut quitté ſa femme & ſes enfans à *Angola*, il paſſa à *la Martinique*, où ſon Eſcadre reſta. Dès qu'il vit qu'il étoit obligé de laiſſer cette Eſcadre ſous le commandement des Officiers de la Marine du Roi, il ne penſa qu'à ſe débarraſſer des uſtenſiles, linge de table, batterie de cuiſine, vaiſſelle d'argent, & proviſions néceſſaires pour la table d'un Commandant, & qui lui devenoient inutiles. Il fit vendre le tout à la *Martinique*, & ne garda que ſes hardes, du linge à ſon uſage, ſes papiers, le Pavillon de *Madraz*, & environ 24ooo livres en or. Voilà tout ce qu'il avoit lorſqu'il paſſa dans une mauvaiſe Barque de la *Martinique* à l'Iſle Saint *Euſtache*, où aſſurément il ne verſa aucuns effets, puiſqu'il n'en avoit point. Par la même raiſon, il ne put pas en embarquer ſur le Vaiſſeau Hollandois qui le conduiſit en Angleterre. Tels ſont cependant les faits dans la plus exacte vérité, & il n'y a aucune preuve au procès qui les démente. A la vûe de ces faits ſi bien circonſtanciés, on croit pouvoir laiſſer à l'indignation du Public le ſoin de donner à l'Anonyme les épithétes qu'il mérite.

(*a*) Elles ſont ſi nombreuſes & ſi connues, que l'on a négligé d'en relever une grande partie. Par exemple, il eſt faux que la Dame *de la Bourdonnais* ait jamais preſenté ſes Enfans à perſonne depuis ſon arrivée à Paris, comme le dit l'Anonyme ( page 1. ) elle n'a point cherché de pareilles reſſources dans la commiſération de ſes Juges. Certaine de leur équité, & de l'innocence de ſon mari, toutes ſes ſollicitations ſe ſont bornées à demander un prompt Jugement.

E

# NEUVIÉME FAIT.

*Les Lettres de Hollande, des Négocians non-suspects, qui demandent la Commission de vente de la grosse partie de Diamans que le sieur de la Bourdonnais, dit-on, portoit ; l'indication des précautions à prendre pour que la quantité de la Marchandise n'en diminuât pas le prix.*

## RÉPONSE.

Les ennemis du sieur *de la Bourdonnais*, dès le moment de son départ de *Madraz*, ont fait courir le bruit dans toute l'Europe qu'il emportoit de l'*Inde* vingt millions, tant en argent qu'en Diamans. Ils ont même eu l'impudence de faire imprimer ces fables dans les nouvelles publiques. Est-il étonnant qu'après avoir répandu partout des faits de cette espéce, il y ait eu des Négocians d'Hollande assez simples pour les croire, & pour demander la Commission de vendre ces Diamans imaginaires ?

Au fond, le sieur *de la Bourdonnais* ne sçait pas si ces prétendues Lettres de Négocians non-suspects de Hollande, ont jamais existé ou non. Il n'en a jamais entendu parler. Mais s'il est vrai que des Négocians d'Hollande lui ayent écrit de pareilles Lettres, comme l'Anonyme le suppose, comment se fait-il que l'Anonyme soit instruit de ces Lettres, & que le sieur *de la Bourdonnais*, à qui elles étoient adressées, n'en ait jamais eu aucune connoissance ?

Après tant de faussetés rassemblées sans jugement, & avec un ton d'animosité propre à rendre & l'Ouvrage & l'Auteur également méprisables, l'Anonyme passe, comme on pouvoit bien s'y attendre, à l'Apologie du sieur *Dupleix*. Elle est courte, parce qu'il ne doute point qu'il ne soit d'avance pleinement justifié par les grâces que la Compagnie des Indes a sollicitées & obtenues pour lui, *avant l'instruction de l'affaire de Madraz*. Dans cette persuasion il ne dit qu'un mot sur la nécessité qu'il y avoit de conserver *Madraz*, pour la sûreté de *Pondichery* ; mais il ne fait pas attention que *Pondichery* n'auroit pas été assiégé, si la Capitulation de *Madraz* avoit été tenue (a), & que cette raison même, en la

(a) Le sieur *de la Bourdonnais* suivant son premier plan, sortoit de *Madraz* au plus tard le 10 Octo- || bre. L'Escadre du sieur *Griffin* n'étoit pas en état de tenir devant la sienne ; il falloit qu'elle abandon-

fuppofant vraie, n'auroit pas balancé les Ordres du Roi, qui défendoient expreffément de garder aucune Conquête. À l'égard des avantages qu'il y avoit à tenir le Traité, & des pertes que faifoit la *Compagnie* en le rompant, il déclare qu'il ne veut point entrer dans cet examen.

Il termine fa Lettre par une efpéce de remontrance à MM. les Commiffaires, & par des vœux dont fa paffion ne lui permet pas de fentir toute l'imprudence. Voilà à quoi fe réduit ce Libelle, qui prouve au moins que fi l'on ne réfute pas mieux le Mémoire du fieur *de la Bourdonnais*, c'eft qu'on n'y peut rien répondre de raifonnable.

Enfin, après avoir détruit les Piéces extrajudiciaires que les ennemis du fieur *de la Bourdonnais* ont fabriquées contre lui, il eft tems d'en venir aux Piéces juridiques qu'il oppofe à leurs calomnies.

Ces Piéces font, comme on l'a déja dit, au nombre de trois, fçavoir, deux nouvelles dépofitions, & un Journal ou Etat des Embarquemens faits à *Madraz*.

La premiere dépofition eft celle du Pere *René* Religieux Capucin du Couvent de *Madraz*.

## Il a déposé :

1°. *Qu'il n'y avoit eu aucuns effets cachés dans l'Eglife des Capucins.*

2°. *Qu'il a vû long-tems avant l'arrivée du fieur de la Bourdonnais à Madraz, embarquer tous les effets précieux des Anglois fur trois Vaiffeaux, & que le Confeil Anglois n'avoit gardé d'argent qu'autant qu'il lui en falloit pour fournir à fa dépenfe pendant deux mois.*

3°. *Qu'il a vû dans le même tems les Malabares tranfporter par Terre hors de la Ville, tous leurs Effets & leurs Marchandifes.*

4°. *Que tous les Coulis ou Noirs avoient quitté la Ville, & s'étoient fauvés avant le Siége.*

5°. *Qu'il fçavoit du Capitaine & du Subrecargue du Vaiffeau Hollandois que le fieur de la Bourdonnais n'avoit rien fait embarquer fur ce Vaiffeau.*

nât ces mers ou qu'elle fût détruite. Alors que pouvoit entreprendre l'Amiral Bofcawen avec fes feuls Vaiffeaux, puifque les deux Efcadres réunies n'ont pû forcer *Pondichery* ?

6°. *Qu'il avoit connoissance que le sieur de la Bourdonnais avoit fait battre un ban avant que d'entrer dans la Ville pour empêcher le pillage, & qu'en effet on n'avoit rien pillé, ni fait aucun tort à personne.*

7°. *Que le sieur de la Bourdonnais n'avoit rien pris aux Arméniens, ni rien exigé d'eux.*

On voit jusqu'ici que cette déposition détruit une partie des chefs d'accusation.

8°. Il a ajouté, *qu'il avoit vû sortir des Effets de Madraz en si grande quantité, qu'il en avoit marqué son étonnement au Sr Cotterel (c'étoit le Capitaine du Port à Madraz) & que celui-ci en avoit averti celui qui commandoit alors dans la Ville.*

Ce dernier fait ayant paru important à M. le Procureur-Général de la Commission, il n'a pas crû pouvoir se dispenser de faire venir ce Religieux à Paris, & de requerir qu'il fût confronté au sieur *de la Bourdonnais.* Mais lors de la confrontation ce Témoin a déclaré, *qu'il ne se souvenoit pas si ce transport de Marchandises s'étoit fait pendant le tems que le sieur* de la Bourdonnais *étoit encore à Madraz, ou depuis qu'il en étoit parti.* Ce défaut de mémoire du Témoin sur l'époque précise du fait en question, a heureusement fourni une nouvelle matiere à l'exactitude de M. le Procureur-Général. Il a demandé qu'on lui envoyât de Bretagne le sieur *Cotterel,* qui arrivoit des *Indes.* Celui-ci entendu en témoignage, a déposé, *Que c'étoit pendant le tems que le sieur* Desprémesnil *étoit Gouverneur, ou Commandant à* Madraz, *que le P. René étoit venu l'avertir de la prodigieuse quantité d'Effets & Marchandises qui sortoient sans cesse de la Ville : que lui Témoin alla en porter ses plaintes au Gouvernement, & qu'à cause de la surdité du sieur* Desprémesnil, *il s'adressa au sieur* Barthelemy : *que le sieur* Desprémesnil *fit aussi-tôt des défenses de laisser rien sortir, mais que ces défenses n'étoient que pour la forme, puisqu'un moment après tout sortoit publiquement comme auparavant ; & que tout est sorti pendant le tems que les sieurs* Desprémesnil *&* Paradis *ont été Gouverneurs (a).*

(a) Il faut observer que quand il seroit sorti des effets pendant le séjour du sieur *de la Bourdonnais* à Madraz, on ne pourroit lui en faire un crime, parce qu'au moyen du Traité de Rançon, cette sortie d'effets n'auroit fait aucun tort à la *Compagnie.* Mais que MM. de *Pondichery,* qui rejettent le Traité de Rançon pour s'en tenir

Qu'on joigne à ces deux dépositions du Pere *René*, & du sieur *Cotterel*. 1°. Celles des sieurs *Pichard*, *de Kerangal*, *Duparc*, *de Mainville*, & de cent autres Témoins, qui déposent *n'avoir vû sortir aucunes Marchandises des Anglois de* Madraz, *pendant tout le tems que le sieur* de la Bourdonnais *y a été*. 2°. Celles de beaucoup d'autres Témoins dans la Procédure des *Indes*, qui attestent *que le sieur* Desprémesnil *pendant qu'il a commandé à* Madraz, *& dès le jour même du départ du sieur* de la Bourdonnais, *permettoit aux habitans de faire sortir toutes leurs Marchandises, moyennant un droit de* 25 ou 30 *pour* 100 *qu'il se faisoit payer.* Qu'on se rappelle d'un autre côté que c'est ce même sieur *Desprémesnil*, qui a déposé que *le sieur* de la Bourdonnais *laissoit sortir de* Madraz *jusqu'à mille balles de Marchandises par jour*, & qu'il est d'ailleurs le seul & unique Témoin sur ce fait, & l'on verra ce qu'on doit penser d'un homme, qui a eu la noirceur d'attribuer ses propres faits à un autre, dont il connoissoit mieux que personne l'innocence.

Enfin, il y a lieu de croire que sur cet article MM. les Commissaires pousseront encore leurs réflexions plus loin; lorsque d'un côté ils considereront quel intérêt le sieur *Desprémesnil*, le sieur *Paradis*, & le sieur *Dupleix* ont eu de persuader que le sieur *de la Bourdonnais* avoit laissé sortir toutes sortes de Marchandises de *Madraz*, & que d'un autre côté ils ne verront ce fait attesté que par le sieur *Desprémesnil* lui-même, & par trois Soldats (*a*) convaincus de faux-témoignage. Toutes ces circonstances rapprochées les unes des autres, sera-t-il difficile d'appercevoir la liaison qu'elles ont entr'elles, & de toucher au doigt les plus affreuses vérités?

Mais ce qu'on vient de rapporter du sieur *Cotterel*, sur le fait de la sortie des Marchandises, n'est qu'une partie de sa déposition. Le reste n'est pas moins digne de l'attention du Public. Il est donc essentiel de l'en instruire; il est bon cependant de sçavoir auparavant ce que c'est que le sieur

---

aux effets qui se trouveroient dans la Ville, ayent accordé, ou plutôt vendu aux Particuliers la liberté de faire sortir les Marchandises; il est évident que c'est un tort réel fait à la *Compagnie*.

(*a*) Les nommés *Manso*, *Poulain* & *Montigny*. V. le Mémoire pag. 212 & suiv.

*Cotterel*, & de rapporter quelques Anecdoctes qui serviront à éclaircir un des principaux faits de sa déposition.

Le sieur *Cotterel* est un homme, dont la *Compagnie* connoît depuis longtems la probité, & il a toujours joui dans l'*Inde*, de la réputation la plus entiere. Dans l'expédition de *Madraz*, il étoit Capitaine de Port (*a*), & conséquemment, c'étoit lui qui avoit une inspection générale sur tous les embarquemens qui se faisoient; ensorte que rien ne sortoit de *Madraz* pour passer sur les Vaisseaux, quels qu'ils fussent, Etrangers ou François, sans le visa du sieur *Cotterel*. Il avoit sous ses ordres les *Brames*, dont la commission étoit de tenir des comptes exacts de tout ce qui s'embarquoit; & il faut bien observer que c'est sur ces Comptes des *Brames*, contenant en détail tout le chargement des Vaisseaux, qu'on devoit compter à la *Compagnie* du produit de la prise de *Madraz*. De son côté, pour sa propre satisfaction, par un esprit d'ordre, & pour se mettre en état de rendre par lui-même au sieur *de la Bourdonnais*, un compte juste & circonstancié de tout ce qui seroit embarqué pendant le séjour de l'Escadre à *Madraz*, le sieur *Cotterel* avoit tenu en son particulier, un Journal détaillé de tous ces Embarquemens, jour par jour, article par article, pendant que d'une autre part, le sieur *Desjardins*, Commissaire aux Magazins, avoit tenu un Registre de la qualité & quantité de chaque effet embarqué. On a vû que ce Registre du sieur *Desjardins* a été supprimé par MM. de *Pondichery*; voici présentement quel a été le sort de ces Etats tenus, tant par les *Brames*, que par le sieur *Cotterel*. Ce sont des particularités qui méritent toute l'attention de MM. les Commissaires.

Comme le sieur *Cotterel* n'étoit point obligé par les devoirs de sa Place, de tenir aucuns comptes ni états des effets embarqués, & que ce soin ne regardoit que les *Brames* qui en étoient chargés sous lui, on ignoroit d'abord à *Pondichery*, que le sieur *Cotterel* eut pris gratuitement la peine de tenir un Journal si long & si assujettissant. Ainsi on ne pensoit pas que le compte des effets embarqués, se

(*a*) On a mis mal-à-propos dans le Mémoire que le sieur *Cotterel* étoit Douanier à *Madraz*, il étoit Capitaine de Port comme on le dit ici.

trouvât conftaté ailleurs que dans le Regiftre du fieur *Des-jardins*, & dans les *Olles*, ou Etats tenus par les *Brames* ; enforte qu'en fupprimant ces *Olles* ou Etats, comme on avoit déja fupprimé le Regiftre du fieur *Desjardins*, on fe flattoit de pouvoir prendre impunément dans les effets em-barqués, tout ce qu'on jugeroit à propos, & de ne rendre compte que de ce qu'on voudroit. On fe flattoit d'en être quitte, en difant à la *Compagnie* : *Meffieurs, voilà tout ce que M.* de la Bourdonnais *nous a laiffé ;* on n'auroit pas manqué d'ajouter qu'il avoit emporté les meilleurs effets, & qu'il avoit même enlevé les Regiftres, les *Olles* des *Brames*, &c. Peut-être même tout cela a-t-il déja été dit à la *Compagnie.* Quoiqu'il en foit, ce moyen d'acquérir paroif-fant tout fimple & fort commode, on ne balança pas à fup-primer, après le départ du fieur *de la Bourdonnais*, ces *Olles*, ou Etats tenus par les *Brames.* Le fait de la fuppref-fion eft conftant & dépofé par le fieur *Defprémefnil* & par le fieur *Kerjean.* En un mot, on convient que ces *Olles* ont difparu ; mais comment, & par qui ont-elles été enlevées? C'eft ce que le fieur *de la Bourdonnais* ignore, & c'eft auffi ce que les fieurs *Defprémefnil*, & *Kerjean*, ont dit ne pas fçavoir, & il faut noter qu'ils font les feuls Témoins qui ayent parlé de l'enlévement de ces *Olles*.

Long-tems après cette Suppreffion, on en a fenti les conféquences, & l'on a cherché à mettre ce nouveau Dé-lit, fur le compte du fieur *de la Bourdonnais*, ou du moins fur celui du fieur *de la Villebague* fon frere, & du fieur *Desjardins* ; c'eft ce que Meffieurs les Commiffaires, pour-ront voir par la Procédure faite aux *Indes*, dans laquelle, malgré tout ce qu'on a pû faire, aucun de ces trois Accu-fés, ne s'eft trouvé chargé. Le fieur *Cotterel* a même été décreté d'affigné pour être oüi dans cette inftruction, & le 5 Décembre 1748, il fubit un Interrogatoire, dans le-quel il affura *que tant qu'il avoit été à* Madraz, *il avoit tou-jours vû ces* Olles *dans un Pupitre chez les* Brames, *& qu'il n'avoit jamais fçu ni entendu dire, qu'elles euffent été prifes ou perdues pendant le tems que l'Efcadre étoit reftée à* Ma-draz.

Enfin le fieur *Dupleix* ayant fçu que le fieur *Cotterel* avoit lui-même un Etat des embarquemens, qu'il fembloit tenir caché, il se figura que cet Etat, ou Journal, pouvoit bien contenir des articles propres à fournir des preuves contre le sieur *de la Bourdonnais*, & ce soupçon lui fit naître le désir de voir ce Journal. Le sieur *Cotterel* ne l'ayant pas alors sous sa main, répondit qu'il le chercheroit. Cette réponse fut regardée comme une défaite d'un homme qui craignoit apparemment de desobliger le sieur *de la Bourdonnais*, en communiquant une Piéce qui pouvoit lui être desavantageuse. Dans cette persuasion, le sieur *Dupleix* donna ordre qu'on assignat le sieur *Cotterel* pour l'obliger de représenter ce Journal, dans lequel on comptoit faire quelque grande découverte. De son côté, le sieur *Cotterel* assigné, ne voulut point le remettre, à moins qu'il n'y fut condamné par un Jugement du Conseil, & qu'outre cela, le Greffier ne lui en donna un récépissé en bonne forme. Ces conditions piquerent encore plus la curiosité du sieur *Dupleix*, & fortifierent ses soupçons. Il fit donc rendre par le sieur *Guillard*, Commissaire du Conseil de *Pondichery*, & sur les Conclusions du sieur *le Maire*, Procureur Général, le 17 Fevrier 1749, une Ordonnance qui contraignoit par corps le sieur *Cotterel*, à déposer au Greffe le Journal en question. Celui-ci satisfit à cette Ordonnance, & remit au Greffe la Piéce tant désirée, dont le Greffier lui donna son récépissé le même jour 17 Fevrier 1749.

Ce Journal est la dernière des piéces dont on a cru devoir instruire le public; il sera imprimé à la suite de ce Supplément, & l'on y verra qu'en Marchandises, Agrès, & Apparaux, le sieur *de la Bourdonnais*, indépendamment des 1100000 Pagodes de rançon, tiroit de *Madras* au moins quatre millions en nature. Que tout cela est-il devenu? Cette piéce prouve d'ailleurs que le sieur *de la Bourdonnais* n'a rien fait embarquer pour son compte, & d'un autre côté l'on n'a jamais prétendu qu'il ait rien fait sortir par terre; ensorte qu'il est évident qu'il n'a rien emporté ni par terre ni par mer. Mais revenons à la déposition du sieur *Cotterel*, & suivons-la article par article.

En parlant de ce Journal contenant l'état de tout ce qui s'étoit embarqué, il a déposé que *le sieur* Dupleix, *après avoir lû & examiné ce Journal, qui, loin de charger le sieur de la Bourdonnais, faisoit au contraire sa justification, avoit*
*demandé*

*demandé à lui Témoin ,* POURQUOI IL N'AVOIT PAS BRULÉ CETTE PIECE ; *à quoi il avoit répondu , qu'il l'avoit gardée pour servir à la justification de qui il appartiendroit : que sur cela le sieur* Dupleix *lui avoit demandé pourquoi il avoit toujours pris contre lui le parti du sieur* de la Bourdonnais, *en ajoutant* QU'IL AVOIT LE DIABLE AU CORPS \* POUR LUI FAIRE DE LA PEINE : *que lui Témoin avoit repliqué qu'il avoit toujours pris le parti du sieur* de la Bourdonnais, *parce que c'étoit celui de la justice & de la raison ; qu'il seroit toujours partisan de la vérité , & que , si lui sieur* Dupleix, *n'avoit pas eu tort , il se seroit mis de son côté.*

Cette partie de la déposition du sieur *Cotterel* ne demande point de commentaire. Le reproche que le sieur *Dupleix* a fait au Témoin *de n'avoir pas brûlé le Journal* en question, marque assez que si la suppression de cette piéce avoit dépendu de lui, il ne l'auroit pas épargnée. Quand on voit d'ailleurs ce même sieur *Dupleix* proposer amicalement au sieur *de la Bourdonnais* dans une Lettre du 29 Septembre 1746. (*a*) de supprimer toutes leurs Lettres & *celles du Conseil ,* (*b*) & que d'un autre côté on le voit supprimer très-réellement , & lacerer à la vue de MM. de *Pondichery* une Délibération du Conseil qui lui déplaisoit , à qui attribuera-t-on l'enlevement des *Olles* ou Registres tenus par les *Brames ,* qui ont constamment disparu depuis le départ du sieur *de la Bourdonnais,* la suppression des Livres Anglois , s'il est vrai qu'ils soient supprimés , comme le suppose le dernier Ecrit Anonyme, & la suppression des Livres du sieur *Desjardins ,* qui se trouvent constamment perdus , quoiqu'il soit bien prouvé par un Acte de décharge en bonne forme, qu'il les avoit remis à MM. du Conseil de *Madraz ?*

Sur le fait du Vaisseau Hollandois (*c*) le sieur *Cotterel* a déposé *qu'il avoit vû ce qui y avoit été embarqué, que tout consistoit en meubles, comme chaises, & canapés, vivres, & choses semblables ; qu'il n'y avoit rien pour le compte du sieur* de la Bourdonnais ; *qu'il n'y avoit ni* Bouées, *ni* Orins *aux* Caisses ; *que c'étoit lui Témoin qui fournissoit les Chelin-*

\* On ne sçait si cette expression est écrite dans la déposition du sieur *Cotterel* ; mais il est certain que le sieur *Dupleix* s'en est servi comme on le dit.

(*a*) Les Piéces, N°. LXXXI. pag. 132 & 133.

(*b*) V. la Note, page 226 &

suiv. du Mém.

(*c*) V. le Mém. pag. 259.

G

gues après que le service de la Compagnie se trouvoit fait ; ce qui faisoit qu'elles partoient tard , mais qu'elles partoient de jour. Il a ajouté une circonstance très-remarquable, sçavoir ; que le sieur David Boutet, *Capitaine de ce Vaisseau Hollandois*, étoit venu plusieurs fois à Pondichery, pendant qu'on instruisoit le Procès des sieurs de la Villebague & Desjardins, & qu'il y avoit demeuré des 8 & 15 jours de suite, sans qu'on l'ait fait déposer, parce qu'on sçavoit bien qu'il diroit la vérité, & que sa déposition seroit entiérement à la décharge du sieur de la Bourdonnais.

Sur l'article de l'emprisonnement des Arméniens (*a*), le sieur *Cotterel* a déposé qu'ils n'avoient été arrêtés qu'à la réquisition des Anglois, & pour les obliger de contribuer à la rançon : que dès l'instant qu'ils furent convenus de leurs conditions avec les Anglois, ils furent relâchés, & que le sieur de la Bourdonnais, *loin de rien exiger d'eux pour son compte, avoit même obligé l'un des principaux & des plus riches d'entr'eux, nommé* Coja Petrus, *de recevoir le payement de quelques pièces de Chite qu'il l'avoit chargé d'acheter, & dont cet Arménien vouloit lui faire présent ; que lui témoin tenoit tous ces faits de* Cojas Petrus *lui-même.*

Sur le présent de cent mille Pagodes prétendu fait au sieur de la Bourdonnais, il a déposé que c'étoit une calomnie ridicule. Il a ajouté, que jamais personne n'avoit mieux servi la Compagnie que le Sr de la Bourdonnais, & que sans lui elle n'auroit peut-être plus d'établissemens aux Indes : que toutes les accusations qu'il voyoit, soit dans la Plainte dont on lui venoit de faire lecture en France, soit dans celle qu'on lui avoit lûe aux Indes, n'étoient que des calomnies sorties de chez le sieur Dupleix, d'où elles couroient par tout de bouche en bouche.

Pour le prouver, le sieur *Cotterel* auroit pû encore rendre compte dans sa déposition d'un fait particulier que voici.

Dans sa traversée des *Indes* en Europe, il étoit sur le Vaisseau LE PRINCE, que commandoit le sieur *de Beaubriant*, qui est depuis peu de tems de retour en France. Ce Capitaine ayant un jour dans la conversation marqué une prévention violente contre le sieur *de la Bourdonnais*, le sieur *Cotterel* lui demanda ce qui pouvoit le faire si mal penser d'un homme, qui avoit l'estime de tant d'honnêtes

(*a*) V. le Mémoire pag. 201.

gens. Quelque chofe qu'on m'en puiffe dire, répondit le fieur *de Beaubriant*, un fait le décide à jamais dans mon efprit. Hé quel eft donc ce fait, dit le fieur *Cotterel*? C'eft, reprit le Capitaine, le vol d'un certain Diamant de prix qu'il a efcamoté à la Dame *Mederos* ( *a* ). Si le fait étoit vrai, répondit le fieur *Cotterel*, vous auriez grande raifon de le juger par ce feul trait, mais il eft d'une fauffeté reconnue. Cela n'eft pas poffible, répliqua le Capitaine, puifque je le tiens du fieur *Dupleix*, qui me l'a attefté comme un homme fort inftruit de la vérité. Hé bien, dit le fieur *Cotterel*, le fieur *Dupleix*, quoiqu'encore mieux inftruit de la vérité que vous ne le penfez, vous en a impofé, & fi vous refufez de me croire fur ma parole, il ne tient qu'à vous de vous en convaincre tout-à-l'heure par la bouche d'un Témoin non fufpeft que vous avez à votre bord; c'eft, continua le fieur *Cotterel*, le fieur *de la Métrie*, gendre de la Dame *Mederos* propriétaire du Diamant en queftion, & c'eft précifément celui des mains de qui ce Diamant a paffé dans celles du fieur *de la Bourdonnais*; vous pouvez le faire venir, & lui demander ce qui en eft; il vous dira que le fait eft abfolument faux; que c'eft lui-même qui a vendu pour la Dame *Mederos* fa belle-mere le Diamant dont il s'agit au fieur *de la Bourdonnais*; qui lui en a payé ou fait payer le prix convenu. Il peut encore vous dire que le fieur *Dupleix* ayant un jour à *Pondichery* débité en ma préfence la même calomnie, qui vous a fi fort prévenu contre le fieur *de la Bourdonnais*, j'ofai lui foutenir qu'il étoit fort mal informé, & que je lui produifis pour Témoin, comme je fais aujourd'hui, le fieur *de la Métrie* lui-même, qui lui protefta devant moi qu'en effet le Diamant avoit été bien vendu & bien payé. Le ton affuré du fieur *Cotterel* étonna le fieur *de Beaubriant*; & comme l'information étoit trop facile pour n'être pas faite fur le champ, il fit appeller le fieur *de la Métrie*, qui confirma mot pour mot tout ce que le fieur *Cotterel* venoit de dire.

Cet éclairciffement conduifit infenfiblement à un autre. On rapprocha les époques, & l'on trouva que le prétendu vol du Diamant avoit été certifié au fieur *de Beaubriant*

(*a*) V. le Mémoire pag, 246.

par le sieur *Dupleix*, long-tems après l'attestation contraire que lui avoit donnée sur ce fait le sieur *de la Métrie*. On conçoit bien que cette dernière découverte mit le sieur *Dupleix* à la place du sieur *de la Lourdonnais* dans l'esprit du Capitaine, & il y a apparence qu'il la conservera long-tems.

Par ce dernier trait, & par beaucoup d'autres qui se trouvent répandus, soit dans le Mémoire du sieur *de la Lourdonnais*, soit dans les Piéces justificatives, on voit assez que le sieur *Cotterel* ne s'est pas trompé, lorsqu'il a dit dans sa déposition qu'il ne reconnoissoit dans tous les faits de la plainte, qu'un assemblage des calomnies enfantées sous ses yeux dans la maison du sieur *Dupleix*, & accréditées ensuite dans le Public par les bons offices de ses Emissaires. En peut-on douter, en effet, lorsqu'en remontant à la source, & en suivant le progrès de cette malheureuse affaire, on n'y découvre pour Délateurs, pour Parties secretes, pour principaux Témoins que le sieur *Dupleix* & sa fa lle?

On ne sçauroit d'abord disconvenir que ce ne soit sur les Mémoires du sieur *Dupleix* que le sieur *de la Bourdonnais* a été arrêté, & que les faits de la Plainte ont été dressés. C'est donc lui qui a surpris par un tissu de faussetés la Religion d'un Ministre universellement connu par la droiture de ses vûes, & celle même d'un Roi si particuliérement distingué entre les Souverains, par sa haine pour l'injustice.

Qu'on ne dise pas pour excuser la noirceur de ses accusations que le Sr *Dupleix* n'a péché que par erreur & par un excès de zèle : qu'on ne cherche point à le disculper, en disant qu'il n'a crû que soutenir les droits de sa Place, & les intérêts de la Compagnie des *Indes*. Il est clairement prouvé qu'il n'a pû se tromper, & qu'il ne s'est trompé en effet, ni sur l'un ni sur l'autre point. Il a sçu, & tout le Conseil de *Pondichery* a sçu comme lui, & ils ont expressément reconnu les uns & les autres dans leurs Lettres (a) que le Commandement de tous les Vaisseaux de la *Compagnie*, & conséquemment de toutes les Troupes qui s'y trouvoient embarquées, étoit confié par le Roi & par les Ministres au sieur *de la Bourdonnais* seul. Pourquoi donc le sieur *Dupleix* s'est-il emparé du Comman-

(a) V. les Piéces, N°. CXVI.

dement de ces Vaiſſeaux & de ces Troupes? Pourquoi a-t-il abuſé du nom du Roi juſqu'au point de défendre au nom de Sa Majeſté aux Capitaines de l'Eſcadre d'obéir au ſieur *de la Bourdonnais* (*a*), qu'il reconnoiſſoit pour le ſeul homme à qui le Roi eût donné le droit de les commander? Pourquoi a-t-il donné des ordres de l'enlever mort ou vif? Pourquoi l'a-t-il expoſé à ſe perdre avec ſes Troupes & ſes Equipages, en lui donnant, par la plus inſigne perfidie, un faux rendez-vous à *Merguy* (*b*).

C'eſt encore s'abuſer viſiblement, que d'imaginer que le ſieur *Dupleix* ait pû croire de bonne foi qu'il avoit le droit de commander à *Madraz*. Tout prouve que cette prétention chimérique n'a jamais été qu'un prétexte. N'en trouve-t-on pas des preuves non-équivoques dans ſa conduite? Avant le Siége de *Madraz*, & même dans les premiers jours qui ont ſuivi la priſe de cette Ville, non-ſeulement il n'a laiſſé entrevoir au ſieur *de la Bourdonnais* aucune idée de cette prétention, mais il a même formellement reconnu que le Commandement dans *Madraz* appartenoit au ſieur *de la Bourdonnais* ſeul, puiſqu'il a été juſqu'à le complimenter ſur ſon titre *de Commandant à Terre*, & à le féliciter ſur *la ſatisfaction qu'il avoit de commander dans un endroit fameux, qui n'eſt au Roi*, ajoûtoit-il, *que par la conquête que vous en venez de faire*. Ce ſont les termes d'une Lettre du ſieur *Dupleix*, du 23 Septembre (*c*). Quels motifs l'ont donc porté dans la ſuite à diſputer ce Commandement au ſieur *de la Bourdonnais*? Qu'on les cherche dans les événemens qui ont ſuivi. Qu'y trouve-t-on, ou plûtôt que n'y découvre-t-on pas? D'abord on y voit rompre au hazard, ſans cauſe, ſans prétexte, & ſans examen, un Traité ſolemnel juré & ſigné entre deux Nations. On y voit le ſieur *Dupleix* & un Conſeil eſclave de ſes volontés, violer eux-mêmes les paroles qu'ils avoient données, & les engagemens perſonnels qu'ils avoient contractés? Qu'on leur demande pourquoi ils ont ainſi manqué au droit des gens & à la foi publique. Eſt-ce pour l'honneur du

---

(*a*) C'eſt ſurtout lorſque le ſieur *Dupleix* a empêché les Capitaines d'aller ſecourir quatre Vaiſſeaux prêts à périr, que ſa conduite révolte d'avantage. V. le Mém. dage 112 & ſuiv.

(*b*) Voyez les Piéces, Nº. CLXXXIX & la Note (*c*) du même Nº.

(*c*) V. les Piéces, Nº. LX, page 95.

nom François ? Eſt-ce pour l'interêt de la *Compagnie* ? Eſt-ce enfin par des vûes particulieres d'avarice & de cupidité ? Quelle que ſoit leur réponſe, on ne ſçauroit ſur ce point les juger que par les faits. Or quels faits ont été les ſuites funeſtes de cette étonnante conduite ?

*Madraz* conſervé contre les Ordres du Roi les plus précis & les plus formels ; *Madraz* fortifié avec des dépenſes conſidérables, dont nos Ennemis ont ſeul profité ; *Pondichery* bloqué, aſſiégé ; le Commerce de la Compagnie interrompu depuis pluſieurs années ; la Guerre allumée entre les Naturels du Pays & les François ; Guerre qui coute des ſommes immenſes à la *Compagnie*, & qui par la ceſſation du Commerce lui cauſe des pertes infinies : Voilà dans l'exacte vérité ce qu'a produit la rupture du Traité de *Madraz*.

Dira-t-on que la *Compagnie* eſt dédommagée d'ailleurs de tant de dépenſes, de pertes & de malheurs ? En quoi ? C'eſt à elle-même qu'on en appelle, ou plûtôt c'eſt à la notoriété publique qu'on s'en rapporte. Que ſont devenus ſes Vaiſſeaux ? Les uns ont péri ; les autres ont été brûlés par les Ennemis ; d'autres ont été forcés de s'échouer. Enfin, pour ne point compter tous les avantages des nouvelles entrepriſes qu'on a fait manquer au ſieur *de la Bourdonnais*, où la Compagnie trouvera-t-elle un bénéfice qui la dédommage des 14 ou 15 millions de rançon que le Traité lui procuroit honorablement, ſans riſques & ſans dépenſes ? Eſt-ce dans l'augmentation de ſon Commerce groſſi par la ruine du Commerce Anglois ? Tout le monde ſçait que pas un habitant de *Madraz* ne s'eſt établi à *Pondichery*, & le traitement fait aux Marchands *Maures* par les Srs *Friel* & *Paradis* ne nous aprend que trop combien les Naturels du Pays ont été éloignés de commercer avec MM. de *Pondichery*. Eſt-ce dans le produit de *Madraz* mis au pillage, que la *Compagnie* a trouvé un profit ſupérieur aux 15 millions de rançon ? C'eſt ici qu'on attend les Apologiſtes anonymes du Sr *Dupleix*. Que diront-ils à la vûe du brigandage affreux que leur atteſtent les derniers Témoins produits par M. le Procureur-Général de la Commiſſion ? Que peut aujourd'hui penſer la *Compagnie*, quand on lui fait voir que ces Hommes qu'elle a juſqu'ici honorés d'une confiance & d'une protection ſinguliere, ſont eux-mêmes ſeuls coupables des crimes qu'ils ont fauſſement imputés au fieur *de la Bourdonnais* ? Eft-il poffible que fur ce point il lui refte quelques doutes , lorfqu'elle voit d'un côté le fieur *Dupleix* employer la rufe & l'artifice , & forcer toutes les régles pour donner le Commandement de *Madraz* au fieur *Paradis* ; (*a*) & que d'un autre côté on lui prouve que ce fieur *Paradis*, mis en place avec tant de prédilection par le fieur *Dupleix* , emportoit de *Madraz* à *Pondichery* une quantité de coffres & de malles dont le fieur *Dupleix* interdifoit la vifite aux Commis de la Douane , pendant qu'il leur étoit d'ailleurs enjoint de vifiter avec la derniere rigueur tout ce qui arrivoit de *Madraz* à *Pondichery* ? Enfin la *Compagnie* peut-elle fermer les yeux fur les preuves non fufpectes que l'inftruction lui fournit ? Peut-elle ne pas reconnoître jufqu'à quel point elle a été trompée , quand des hommes , dont la probité & l'attachement lui font connus , & qu'elle regarde elle-même comme des Témoins irréprochables, lui affurent, & atteftent à la face de la Juftice , que c'eft fous le Gouvernement des fieurs *Defprémefnil* & *Paradis* , & non pas pendant le féjour du fieur *de la Bourdonnais* à *Madraz* , qu'on a laiffé fortir en fraude tous les Effets de cette Ville.

C'eft dans cette conduite des Gouverneurs placés à *Madraz* par le fieur *Dupleix* qu'on pénétre , ou plutôt qu'on voit à découvert les véritables motifs des efforts qu'a faits le fieur *Dupleix* pour avoir le Commandement dans cette Ville. Peut-on fe diffimuler la liaifon de la caufe à l'effet , quand on confidere que s'il n'avoit point difputé le Commandement de *Madraz* au fieur *de la Bourdonnais* , le parti du rançonnement avoit lieu , & que le Traité de rançon fubfiftant , il n'y avoit plus de pillage à efpérer dans la Ville ?

Faut-il encore ajouter à l'évidence de ces réflexions des circonftances qui les confirment ? L'inftruction n'en fournit que trop pour l'honneur du fieur *Dupleix*. Qu'y a-t-il en effet de plus propre à fortifier ces premieres preuves , que la fuppreffion générale de tous les Livres & papiers qui pouvoient fournir des renfeignemens fur l'état de *Madraz* , & fur le produit de cette prife ? Par quelle fatalité toutes

(*a*) V. les Piéces , N°. CCXXI , ‖ à la fin CCXXX. §.133.CCLIII, pag. 7 & 8. CCXXII. CCXXVII, ‖ page 28.

ces piéces ont-elles difparu ? Pourquoi les Livres de la Compagnie Angloife , qui exiftoient encore à *Madraz* , lorfque le fieur *de la Bourdonnais* en eft parti , ne fe trouvent-ils plus ? Pourquoi les Journaux du fieur *Desjardins* Garde-magazin, remis entre les mains de MM. de *Pondichery* , qui en ont donné décharge, font-ils éclipfés ? Pourquoi les *Olles* , ou feuilles des *Brames* , qui ont fubfifté jufqu'au départ du fieur *de la Bourdonnais* , fe trouvent-elles perdues ? Quel coup étrange du hazard a fait périr tout à la fois tant de piéces précieufes difperfées dans des dépôts différens ? Enfin lorfque le zèle d'un Officier attaché depuis longtems au fervice de la *Compagnie* en fauve une qu'on ignoroit , & qui femble fuppléer à la perte de prefque toutes les autres, pourquoi le fieur *Dupleix* eft-il le feul qui fe plaigne de la confervation de cette piéce unique ? Pourquoi , dans l'impoffibilité de la fupprimer, en regarde-t-il l'exiftence , comme un Témoin qui peut le deshonorer & le perdre ? Enfin pourquoi dans les premiers tranfports de fon dépit lui échappe-t-il de faire des reproches fi vifs au Confervateur de cette piéce, *de ce qu'il ne l'a pas brûlée ?*

Quand on fuivra la gradation de tous ces faits , on verra fans peine le double intérêt qu'a eu le fieur *Dupleix* de s'oppofer au rançonnement de *Madraz* , & d'accufer le fieur *de la Bourdonnais* d'avoir diverti les richeffes de cette Ville. On reconnoîtra en même-tems que le fieur *Defprémefnil* fon gendre , & les fieurs *Friel* , & *Kerjean* fes neveux , n'ont pas été moins perfonnellement intéreffés à appuyer toutes fes calomnies.

Mais fi jufqu'ici ils ont réuffi dans une partie de leur projet , on croit pouvoir dire qu'ils ont échoué dans l'autre , puifqu'ils n'ont pû prouver aucun des crimes qu'ils ont eu la méchanceté d'imputer au fieur *de la Bourdonnais* , & qu'au contraire ils fe font décélés eux-mêmes. Ce n'eft pas en effet le fieur *de la Bourdonnais* qui a cherché à les faire connoître. Nul d'entr'eux ne fçauroit lui refufer la juftice d'avouer qu'il ne lui eft échappé fur leur compte aucun fait inutile ou étranger à fa défenfe. Il peut même affurer que ce n'eft pas fans regret qu'il s'eft vû obligé de rétorquer avec force contre le fieur *Defprémefnil* , les accufations dont ce Témoin l'a chargé fi indignement ; il auroit voulu pouvoir ménager
ger

ger davantage dans ſa perſonne, le fils d'un pere qui a toujours été eſtimé par ſa probité, & le frere ou le proche pa-
rent de beaucoup d'honnêtes gens, dont il ſeroit à ſouhaiter
qu'il eût mieux ſuivi les conſeils & les exemples. Enfin ſi
les ennemis du ſieur *de la Bourdonnais* reſſentent aujour-
d'hui tout le poids de l'indignation publique, dont ils ont
cherché à l'accabler, ils ne peuvent s'en prendre qu'à eux-
mêmes, puiſque ce ſont leurs propres écrits, leurs lettres,
leurs déclarations; leurs dépoſitions, qui ſervent tout à la
fois à les confondre, & à juſtifier le ſieur *de la Bourdonnais.*

*Signé*, MAHE' DE LA BOURDONNAIS.

LE Conſeil ſouſſigné, qui a lû le Supplément de Mémoire ci-deſſus, eſt d'avis que les trois premieres Piéces y énoncées ne méritent par elles-mêmes aucune ſorte
de conſidération; qu'elles y ſont d'ailleurs réfutées de la
maniere la plus ſolide, & que les trois dernieres Piéces
fourniſſent de nouvelles preuves de l'innocence du ſieur *de
la Bourdonnais* & de la noirceur des calomnies dont on a
voulu le rendre la victime.

*Délibéré à Paris le* 15 *Janvier* 1751.

COCHU, MALLARD.

www.ingramcontent.com/pod-product-compliance
Lightning Source LLC
Chambersburg PA
CBHW050538210326
41520CB00012B/2627